Este libro
te dará seguridad

Dra. Jessamy Hibberd y Jo Usmar

Traducción de Julia Alquézar

Rocaeditorial

Título original: *This book will make you confident*

Primera edición: noviembre de 2014

© de la traducción: Julia Alquézar
© de esta edición: Roca Editorial de Libros, S. L.
Av. Marquès de l'Argentera 17, pral.
08003 Barcelona
info@rocaeditorial.com
www.rocaeditorial.com

Impreso por Liberdúplex, s.l.u.
Crta. BV-2249, km 7,4, Pol. Ind. Torrentfondo
Sant Llorenç d'Hortons (Barcelona)

ISBN: 978-84-9918-909-3
Depósito legal: B-20759-2014
Código IBIC: JMAQ; VSPM

RE89093

Índice

Nota de las autoras

En este mundo de constantes cambios en el que nos ha tocado vivir, a veces la existencia puede ser dura. Día a día, nos vemos empujados en diferentes direcciones, y tenemos que luchar contra la presión a la que nos someten factores externos y, lo que es más importante, a la que nos sometemos nosotros mismos. Cuantas más opciones, más responsabilidad, lo que en determinados casos puede ser un caldo de cultivo para el estrés, la desdicha y la falta de autoconfianza.

Son muy pocas (por no decir ninguna) las personas que creen que pueden abordar sin problemas el trabajo, cualquier tipo de relación y la vida en general. A la mayoría no nos iría nada mal una ayudita de vez en cuando, un pequeño empujón que nos muestre cómo mejorar el estado anímico, cómo cambiar el enfoque respecto a la vida y cómo sentirnos más satisfechos.

Esta serie tiene por objetivo ayudarte a comprender tus sentimientos, pensamientos y comportamientos; asimismo, te ofrece las herramientas para aplicar cambios positivos. No somos fans de la complicada jerga médica, por lo que hemos intentado hacerlo de un modo accesible, relevante y ameno, ya que sabemos que querrás experimentar progresos lo antes posible. Estas guías prácticas y concisas muestran cómo canalizar los pensamientos, desarrollar estrategias de superación y aprender técnicas prácticas para enfrentarte a cualquier adversidad de una forma más positiva y eficaz.

Creemos que la autoayuda no tiene por qué ser un campo confuso, con un tono pomposo o paternalista. Hemos recurrido a nuestra experiencia profesional y a los estudios más avanzados; hemos usado anécdotas y ejemplos que consideramos útiles y que esperamos que también lo sean para ti. La serie se compone de varios títulos; cada uno de ellos aborda un tema —el sueño, la felicidad, la confianza y el estrés— que suscita especial preocupación, para que puedas centrarte en aquellos que más te interesen.

Estas guías se enmarcan dentro de la terapia cognitivo-conductual (TCC), un tratamiento que ha dado increíbles resultados en una amplia diversidad de temas. Estamos convencidas de que esta terapia te ayudará a superar cualquier dificultad.

En estos libros, a menudo encontrarás unos diagramas llamados «mapas mentales». Se trata de un recurso fácil de usar y de entender que muestra cómo los pensamientos, el comportamiento y los sentimientos (desde un punto de vista tanto físico como emocional) están conectados entre sí. La idea es desglosar el problema en partes más pequeñas para que no parezca tan abrumador, y establecer opciones para aplicar cambios.

A lo largo del libro también encontrarás ejercicios y listas de verificación, cuyo objetivo es guiarte a través de pasos prácticos para que modifiques tu enfoque. La intención es facilitar dichos cambios integrándolos en tu rutina, porque no basta con leer la teoría. La única forma de afianzar el bienestar a largo plazo es poner en práctica todo lo aprendido y cambiar la experiencia en tu día a día.

Puedes elegir sentirte mejor —de verdad, sí que puedes—, y estos libros te enseñarán cómo lograrlo.

¡Buena suerte! Si quieres enviarnos tus comentarios, contacta con nosotras a través de la siguiente página web:

www.jessamyandjo.com

Jessamy and Jo

Introducción

El *Oxford English Dictionary* define confianza como «sentimiento de seguridad que surge de la valoración de las capacidades o cualidades propias». Lo que no añade es que la falta de confianza puede afectar a todos los aspectos de tu vida, de manera que todo parezca más duro y te haga ser más pesimista respecto a lo que puedes conseguir. No es solo una hipérbole: es absolutamente cierto. La confianza está intrínsecamente ligada a cómo juzgas tu capacidad de encarar las dificultades que la vida te presenta. Todo se reduce a la autoestima: cómo mides lo que mereces y lo que vales. Si te consideras deficiente en algún sentido, lo verás todo gris y tenderás a sentirte ansioso, estresado e incluso deprimido. Devaluarás tus logros, y tus objetivos y ambiciones se verán afectados y reflejarán tu inseguridad.

Aunque todo esto suene bastante mal, no te preocupes, también hay buenas noticias.

En primer lugar, aumentar tu confianza y tu autoestima es posible. En este libro encontrarás estrategias que te enseñarán a apreciar las capacidades y cualidades que tienes. No importa lo arraigado que esté tu sistema de creencias negativas: si realmente estás decidido a sentirte mejor, puedes reconstruirlo para que dé una imagen más positiva y realista de ti.

En segundo lugar, no debe extrañarnos que la confianza en nosotros mismos flaquee de vez en cuando. Es la respuesta natural a los sucesos, ideas, creencias o exigencias a las que nos someten los demás. Todo el mundo es diferente y la forma en la que cada uno sobrelleva la inseguridad varía enormemente, pero los seres humanos estamos diseñados para experimentar el espectro completo de emociones, desde la arrogancia que bordea el egocentrismo a la falta de confianza en uno mismo, que llega a ser incapacitante. Inevitablemente, el lugar que uno ocupa en esta escala variará según lo que ocurra en tu vida, pero lo ideal es que te encuentres en un punto medio durante la mayor parte del tiempo. Sin embargo, los problemas empiezan cuando te quedas atrapado en esa falta de confianza durante mucho tiempo y la autoestima se convierte en un recuerdo lejano.

¿Por qué elegir este libro?

Puede parecer muy fácil aceptar la falta de confianza y una autoestima baja como rasgos constantes en tu vida, pero es un plan terrible. Creer que no eres lo suficientemente listo, ingenioso, atractivo, ambicioso o simplemente bueno puede ser tremendamente debilitante. Estamos seguros de que este libro te hará ganar confianza en ti mismo, ya sufras de pequeños momentos de inseguridad o sientas el deseo de esconderte las 24 horas de los 7 días de la semana.

Ambas hemos caído en agujeros negros de falta de confianza en diversos momentos de nuestras vidas y nos habría encantado tener a mano un libro como este para obtener una dosis de consuelo y valor. Cuando empiezas a cuestionarte a ti mismo puedes perder todo el sentido del raciocinio y la perspectiva. Este libro te explicará por qué te sientes como te sientes, cómo tu comportamiento puede alimentar esas emociones, que los pensamientos negativos son igual que chinches, de las que es difícil librarse, y por qué tu cuerpo reacciona de cierta forma. Después, te daremos las herramientas para cambiar todas esas cosas y mejorar.

Nuestra pretensión es dar consejos prácticos y útiles de una forma simple y entretenida, sin caer en tonterías especulativas e insustanciales. Está demostrado que todas nuestras recomendaciones funcionan y que te ayudarán.

Cómo funciona

Este es un manual sobre cómo adquirir confianza y aumentar la autoestima, lo que significa que realmente tendrás que probar las estrategias y técnicas que se dan en él para comprobar si hay algún beneficio. Invertir tiempo y energía en ello cambiará tu vida.

Como ya se ha dicho, usaremos la terapia cognitivo-conductual en todo el libro, que se explica con más detalle en el capítulo 2. Es un enfoque altamente efectivo que se centra en el problema y que busca formas simples y prácticas de gestionar el aquí y ahora. Te proporcionará un conjunto de herramientas que te ayudarán a cambiar la visión que tienes de ti mismo y de lo que ocurre a tu alrededor, pues incrementará la confianza en tus propias capacidades. Tendrás estas herramientas para siempre (lo que aprendes no tiene fecha de caducidad), así que cada vez que te encuentres pensando «No soy lo suficientemente bueno», o «No puedo hacer esto», podrás usarlas para dar un paso atrás y obtener una visión más realista de la situación.

Cómo sacar el mayor provecho a este libro

- Lee los capítulos en orden numérico, como si cada uno fuera independiente.

- Prueba todas las estrategias, no te limites a leerlas por encima. (Las estrategias aparecen identificadas mediante una ✪). No las sugerimos como parte de algún oscuro experimento, su eficacia está demostrada. Algunas te ayudarán más que otras, pero si las pruebas todas, tendrás más posibilidades de aumentar tu confianza a largo plazo.

- Practica. Algunas de las cosas que recomendamos pueden ser bastante duras o resultarte totalmente ajenas: cuanto más practiques, más fácil te resultará, y pronto será como una segunda naturaleza. Has caído en la costumbre de infravalorarte y romper con los malos hábitos requiere su tiempo. Mientras algunas de estas estrategias tendrán resultados inmediatos, en otros casos tardarás más en pillarles el tranquillo. No te desanimes, sigue insistiendo y verás resultados.

- Cómprate un cuaderno nuevo para dedicarlo específicamente a este libro. Te pediremos que escribas y dibujes, lo que supone una parte realmente importante del proceso. Poner por escrito las cosas mejora la memoria y hará tu decisión de cambiar más «oficial» en tu cabeza. Hojear lo escrito en el pasado también te motivará a seguir al ver lo lejos que has llegado.

No debes permitir que la falta de confianza te cohíba, te haga sentir que no estás a la altura o te impida hacer lo que quieres con tu vida. Sin lugar a dudas, puedes aumentar tu autoestima y sentirte bien contigo mismo, al margen de lo que te haya ocurrido en el pasado o el tiempo que lleves sintiéndote inseguro. El mero hecho de abrir este libro y reflexionar sobre tus problemas de confianza debería hacerte sentir más fuerte. Es un gran paso, y las cosas solo pueden mejorar a partir de aquí.

I

De mi entera confianza

La inseguridad y la baja autoestima pueden actuar como gemelos malvados, ya que causan estragos en tu mente y daños incontables en tu vida. A continuación, ofrecemos una explicación de qué son y de por qué han podido hincarte el diente precisamente a ti.

¿Qué son la confianza y la autoestima?

A un nivel muy básico, la confianza es un sentimiento de seguridad emocional que surge de tener fe en ti mismo, mientras que autoestima es un término más general en el que se incluye todo aquello que conforma esa fe. La confianza se construye sobre varios factores, el más importante de los cuales es la autoestima.

Tener confianza es esencial para todos los aspectos de tu vida. Te ayuda a alcanzar tus objetivos, a probar cosas nuevas, a creer en tus decisiones, en tu potencial y a ser independiente. Permite manejar el estrés y nos prepara para tratar problemas emocionales, prácticos y físicos. Es la forma de medir tu capacidad de salir adelante y tener éxito, de manera que la falta de confianza puede ser excepcionalmente incapacitante y hacerte sentir que no estás a la altura.

Ahora bien, no queremos dar una idea errónea: tener confianza no es lo mismo que no ponerse nunca nervioso, ansioso o inseguro. La ansiedad y la inseguridad son emociones humanas normales, y todo el mundo las experimenta en algún momento de sus vidas; sí, incluso los megalómanos sienten presión en ocasiones. La confianza varía según lo que hagas, a lo que te enfrentes, según la edad, tu experiencia, el contexto y el humor. No obstante, es más probable que solo debas enfrentarte a baches emocionales en tu confianza si cuentas con una autoestima que generalmente es bastante alta, eres una persona positiva y confías en ti mismo para sobrellevar las situaciones difíciles.

Asimismo, debe quedar claro que la confianza no es lo mismo que la arrogancia, pues esta última es un orgullo autoritario, un complejo de superioridad que no es en absoluto realista o útil, mientras que la auténtica confianza es una fuerza interna basada en el respeto a uno mismo.

Puedes fingir confianza, por supuesto, simulando ser algo que no eres, pero a menos que seas un actor excepcional, normalmente tus inseguridades acabarán saliendo a la luz. Nadie se siente seguro continuamente y sentirse estresado, ansioso o preocupado no debería considerarse en absoluto una debilidad.

¿Qué nos hace tener confianza?

- Autoestima: es el respeto y la fe en ti mismo, que se basan en:
  - Seguridad en ti mismo: creer en la validez de tus opiniones y creencias.
  - Autoaceptación: conocerte, saber qué te gusta y lo que no.
  - Creer en ti mismo: saber que tienes capacidad para conseguir lo que deseas.
- Sentirse «auténtico» y cómodo en tu propia piel.
- Estar cómodo contigo mismo físicamente.
- Tener una actitud y un enfoque positivo de la vida.
- Tener fe en tu capacidad de sobrellevar las situaciones difíciles, arriesgadas o inciertas.
- Disposición para aceptar tanto los elogios como las críticas, sin que cambie radicalmente la forma en la que te sientes contigo mismo.

Tener dudas sobre tu capacidad para salir adelante puede resultar una profecía autocumplida. Tu confianza mengua, te preocupas por tu capacidad y empiezas a comportarte de forma incómoda o poco eficaz muy a menudo, de manera que realmente acabas poniéndote trabas para tener éxito. Cuando no consigues lo que te propones, el miedo original a no conseguir el trabajo provoca que tu confianza

Ejemplo: La actitud soberbia de Steven

Steven acababa de empezar en su nuevo trabajo como director regional de ventas de una gran empresa. Estaba a cargo de treinta empleados y se sentía completamente sobrepasado. Muchas de las personas a las que se suponía que debía supervisar eran mayores y tenían más experiencia que él. Pensó que la mejor forma de manejar su incomodidad era disimularla completamente. En su primer día, entró pavoneándose por la oficina, convocó una reunión, se presentó, soltó unos cuantos chistes, ignoró a todo el mundo y se largó. Le asustaba tanto que alguien intuyera que no sabía lo que estaba haciendo que no hizo ninguna pregunta, ni pidió ningún tipo de guía sobre nada. Si no conocía la manera de hacer algo, simplemente lo hacía de un modo diferente.

Mientras él creía que daba la imagen de ser una persona capaz, eficiente y locuaz, su personal lo consideraba en realidad un patán arrogante e irrespetuoso. Lo consideraban demasiado orgulloso para pedir ayuda, así que no se la ofrecieron y las cosas empeoraron rápidamente.

decaiga incluso más. Eso es exactamente lo que le ocurría a Steven. Temía que creyeran que le faltaba experiencia, y acabó comportándose de modo que realmente pareció que era una persona poco experimentada. Es un círculo vicioso: véase la siguiente página.

Baja autoestima (LSE, según sus siglas en inglés)

La baja autoestima desempeña un papel tan importante en la confianza que tiene su propio acrónimo: LSE. Una autoestima baja puede deberse a que no te consideras suficientemente bueno para cumplir con determinada tarea, a que no confías en tus instintos y a que piensas que no mereces la pena. Das por supuesto que las cosas no saldrán bien, te criticas, te culpas y adoptas comportamientos que no te benefician (como la evitación, aplazar las cosas para otro día, comer para reconfortarte, estar a la defensiva, etc.). Todo esto solo exacerba el problema y confirma tus creencias negativas. Hay acontecimientos, situaciones o simplemente ideas que pueden provocar una baja autoestima, pero una vez esta te echa sus zarpas encima se comporta como un virus, extendiéndose rápidamente e influyendo en otras partes de tu vida con las que previamente no tenías problemas.

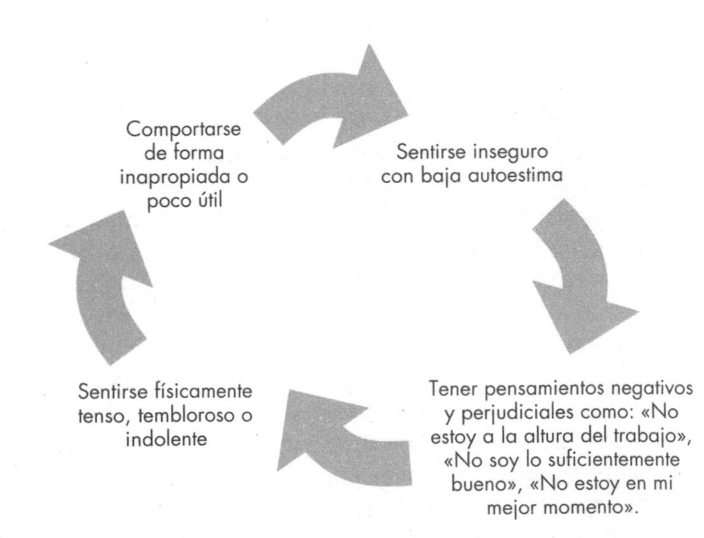

¿Qué causa la baja confianza y la baja autoestima?

La falta de confianza o la baja autoestima pueden ser específicas de ciertas situaciones (como en el caso de Steven) o pueden llegar a ser rasgos permanentes que afecten a todos los aspectos de tu vida. Aunque te sientas inseguro en un acontecimiento o una situación particular, puedes tener una buena imagen de ti mismo en general; tus problemas de confianza desaparecerán cuando percibas que el problema se ha resuelto. Por ejemplo, puede que no tengas mucha confianza en cumplir con un plazo de entrega específico. Crees que no podrás hacerlo, así que evitas empezar el proyecto. De ese modo no podrás cumplir el plazo, pero no se acaba el mundo porque te han dado una prórroga. Tu confianza aumenta en cuanto la situación se resuelve y este bajón de autoestima no habrá afectado a ninguna otra parte de tu vida.

Sin embargo, si la baja confianza y la baja autoestima son rasgos permanentes pueden definir todo lo que hagas, digas, pienses o sientas. La creencia de ser estúpido, feo, inútil, no suficientemente capaz, indigno, poco atractivo, antipático y un fracaso aparecerá en la mente en situaciones difíciles o todo el tiempo.

Estas creencias suelen estar muy arraigadas, y se ven como hechos en lugar de solo opiniones que alimentas sobre ti mismo. Llegarás a creer que son rasgos fundamentales de tu identidad y de quien eres, lo que a menudo significa, y no es nada sorprendente, que no te gustas demasiado.

La gente se vuelve insegura y desarrolla una baja autoestima como resultado de experiencias negativas a lo largo de sus vidas que a menudo tienen su origen en la niñez o la adolescencia; sin embargo, puede aparecer en cualquier momento. Incluso en las personas que han gozado de una buena autoestima y de toneladas de confianza pueden hacer mella experiencias estresantes que cambian cómo se ven a sí mismos, por ejemplo, odiar su trabajo, discutir con un amigo o involucrarse en una relación destructiva. Puede incluso ser consecuencia de un cambio de papel que no necesariamente se considera negativo, es decir, convertirse en padre,

Ejemplo: La crisis de identidad de Megan

Megan llevaba años soltera. Siempre había pensado que le encantaría sentar la cabeza y empezaba a impacientarse al ver que la mayoría de sus amigos se emparejaban. Era la típica chica soltera a la que todo el mundo intentaba emparejar en las fiestas con hombres totalmente inapropiados, y solía acabar sintiéndose como Bridget Jones.

Entonces conoció a Phil, divertido, carismático y atractivo; pensaba que había encontrado a su pareja perfecta y la relación progresó rápidamente. A los cuatro meses se fueron a vivir juntos. Y entonces las cosas se torcieron.

Megan nunca antes había vivido con alguien, mientras que Phil, por su parte, había convivido con su expareja durante seis años. Ella no se sentía preparada para cumplir con su nuevo papel de «novia que vive con su pareja». No sabía lo que él esperaba de ella, cómo se suponía que debía comportarse y si podía cenar solo judías con una tostada cuando le apeteciera, como era su costumbre. No estaba habituada a tener que adaptarse a la rutina de alguien y se sentía culpable cuando no le consultaba las cosas, pero, al mismo tiempo, también ligeramente resentida por tener que hacerlo. Y lo cierto es que Phil no era exigente, en realidad era un hombre bastante flexible.

Megan pasó de ser tranquila y segura a sentir que se estaba fallando a sí misma y a Phil, pero no sabía ni cómo ni por qué.

jubilarse o que tus hijos se vayan de casa. Este tipo de sucesos y situaciones cambian el lugar que ocupas en el mundo y te sacan de tu zona de confort, lo que puede causar una crisis de identidad que tendrá un gran efecto en los niveles de confianza.

Naturaleza y educación

Tu experiencia influye en cómo te ves, en lo valorado que te sientes por los demás y en cuánto te valoras a ti mismo. En la infancia aprendemos de lo que vemos, de lo que oímos y de lo que nos dicen. No tienes los mismos medios para cuestionar las cosas cuando eres un niño que cuando eres un adulto, así que aceptas lo que se te dice como un hecho porque no tienes ninguna base para comparar. Por desgracia, en esa época pueden empezar muchos problemas.

Si te dijeron que eras un inútil, nunca te elogiaron o no te premiaron por tus logros en tu juventud, es más probable que tengas problemas de autoestima en la edad adulta, y también posiblemente será más difícil y más duro cambiar. Esto se debe a que nunca has tenido una visión positiva de ti mismo (es distinto si se desarrolla en la edad adulta). Si nunca has gozado de la posibilidad de llegar a tener confianza en ti mismo, en tiempos difíciles no tendrás ningún sistema de creencias positivas en el que apoyarte y que te ayude. Automáticamente, creerás que no eres suficientemente bueno, atractivo, listo, etc., porque nunca has tenido una visión alternativa.

No obstante, si te quisieron, te alabaron y te apoyaron de niño, tienes más posibilidades de tener una autoestima saludable y bastante confianza en ti mismo en la edad adulta. Si tuviste esa clase de experiencias de pequeño, será más sencillo recordar esas emociones cuando pases por tiempos más duros.

Ese es, por tanto, el papel que desempeña la educación, pero la naturaleza tiene una gran influencia también. La herencia genética de tus padres contribuye a modelar tu temperamento, que puede influir en las probabilidades que tienes de ser una persona con confianza o de sufrir problemas de autoestima. Si eres extrovertido, disfrutarás asumiendo riesgos y abandonarás felizmente tu zona de confort para comprobar de qué eres capaz y poner a prueba tus habilidades. Las personas extrovertidas normalmente tienen y exhiben una autoestima saludable. Por el contrario, si eres introvertido es más probable que no quieras traspasar tus límites; asimismo, al no salir de los parámetros en los que te sientes a salvo raramente conseguirás validar tus opiniones o ver que puedes superar situaciones que supongan un desafío. Las personas introvertidas normalmente tienen más probabilidades de tener una baja autoestima. Por supuesto, hay un término medio, pero los rasgos con los que hayas nacido limitarán o enfatizarán tu comportamiento.

Las ideas sobre la confianza y la autoestima que se desarrollan en la infancia pueden ser difíciles de cambiar cuando pasan a formar parte de tu sistema interno de creencias, e influyen en tu interpretación de los acontecimientos y en cómo te ves a ti mismo en la edad adulta. No obstante, como ya hemos dicho, aunque fueras un niño con mucha confianza puedes padecer problemas de autoestima y confianza mientras creces. Más abajo encontrarás una lista de algunos de los exterminadores de confianza más comunes que pueden boicotear la imagen que tienes de ti mismo.

Los exterminadores de confianza más comunes

La severidad con la que las experiencias que describimos a continuación podrían afectarte varían según su frecuencia, la credibilidad que les des y su duración. Pueden estar ocurriéndote ahora mismo, o haberte sucedido mientras te hacías mayor.

- No poder sobrellevar el estrés: Creer que no puedes manejar un acontecimiento o situación puede desanimarte, desmoralizarte y hacerte sentir solo. Todo ello socavará tu confianza y puede darte problemas de baja autoestima. Entre los ejemplos de situaciones abrumadoras podríamos citar que te acosen o intimiden en el trabajo, mantener una relación abusiva, una ruptura, sentirse aislado de tus amigos o tu familia, un cambio de vida (por ejemplo, convertirte en padre o perder el trabajo), problemas financieros, incertidumbre sobre el futuro, sufrir algún trauma o problemas de salud (tú mismo o alguien cercano a ti).

- No cumplir con los parámetros establecidos: En este caso hay dos situaciones posibles: creer que no cumples ni con las expectativas de los demás ni con las tuyas propias. Tal vez tú mismo sepas que tus resultados no son buenos, o puede ser algo sabido por otros, que tendrán opción a criticarte (véase más abajo), despreciarte o burlarse de ti.

- Críticas constantes: Ser capaces de aceptar críticas constructivas es una parte fundamental de ser adulto, pero cuando las críticas son injustificadas, severas o constantes y no se equilibran con elogios y reconocimiento de tus éxitos pueden destruir tu confianza y autoestima. Lo mucho que te afecten las críticas también estará determinado por quién te valore y en cuánto estimes su opinión (p. ej., depende de si es tu jefe, un becario de tu jefe, tu padre o tu compañero).

- Falta de refuerzo positivo: Nadie te desprecia abiertamente, pero sientes una falta de atención, elogios, ánimos, tiempo, amabilidad y afecto hacia ti. Nadie parece interesado en tu persona. De niño llegarías a la conclusión de que tienes algún problema y no mereces ningún trato positivo. Estos sentimientos pueden continuar en la edad adulta, o iniciarse entonces.

- Sentirse marginado: Te sientes (o lo hacías cuando eras un niño) como el rarito de la clase, de casa, del trabajo o en tu vida general. Aunque puede que no te critiquen por tus intereses, capacidades o personalidad diferentes, sientes que se hace hincapié en ellos de forma negativa, mientras que los atributos de tus compañeros se elogian o celebran. La cultura popular puede desempeñar un gran papel a la hora de decidir si crees que eres «normal» o no, especialmente en lo referente a la apariencia física, los intereses sociales y la popularidad.

- Problemas familiares: El divorcio, la enfermedad o la pérdida de un trabajo pueden tener un gran efecto en las familias, tanto en la forma de interactuar de sus miembros como en la estabilidad que tenían o que se espera de ellas. Por otro lado, el papel que desempeñas en una familia (la visión que se tiene de ti y cómo se te representa dentro de su dinámica) puede influir decisivamente en la visión que tienes de ti mismo y en cómo te ven los demás. Tal vez te sientas incapaz de librarte del personaje que te asignaron hace mucho tiempo (p. ej. la oveja negra, el inteligente, el poco fiable, etc.).

- Tu posición social: La forma en que te ves puede estar influida por cómo crees que encajas en la sociedad. La clase, la riqueza, la etnia, las visiones políticas y la religión influyen en cómo nos vemos a nosotros mismos y a nuestras familias. Experimentar prejuicios u hostilidad basados en la convicción ajena de que tú o tu visión de la vida son en cierto modo «inaceptables» puede afectar dramáticamente a la valoración de ti mismo.

- Abuso (físico, emocional o sexual): Si sufriste abusos, te castigaban con frecuencia, te descuidaban o maltrataban de niño, tendrás cicatrices. Los niños a menudo interpretan las cosas que les pasan como si fueran su responsabilidad, es decir, piensan que de algún modo era su culpa, lo que puede tener consecuencias duraderas en su autoestima. Sufrir maltrato en la edad adulta puede ser igual de dañino porque sigue presente el ciclo de autoinculpación. Tal vez creas que, como adulto, deberías ser capaz de hacer algo al respecto, o que tienes que vivir con las consecuencias de tus decisiones. Esto no es cierto. Los abusos, tanto si se produjeron en la infancia o en la edad adulta, no fueron culpa tuya en absoluto: nunca deberían haber ocurrido y no tienes ninguna responsabilidad.

El impacto de una baja confianza y una baja autoestima

El impacto del sentimiento de no estar a la altura o de que tienes algún tipo de carencia puede ser absolutamente catastrófico. Y la forma en que te sientes y piensas inevitablemente afecta a lo que haces. A continuación se ofrecen algunas respuestas conductuales al sentimiento de inseguridad:

- Llegar a ser introvertido o extrovertido: Si te sientes cohibido y te vuelves demasiado sensible a las críticas o a la desaprobación, es posible que acabes limitando tus interacciones sociales o que no seas tú mismo y te dediques solo a complacer a las personas.
- Convertirse en un adicto al trabajo o en un holgazán: El miedo al fracaso o a sentirte un fraude puede hacerte trabajar sin parar para ponerte a prueba, o directamente evitar el trabajo para que si fracasas puedas encontrar una excusa en tu falta de esfuerzo.
- Ignorar los cumplidos y las alabanzas: Te centrarás solo en la parte negativa y socavarás tu capacidad y tu papel, pues ignorarás cualquier cosa que sugiera que estás superando o haciendo bien las cosas.

Ayuda para traumas pasados

Las víctimas de traumas infantiles y adultos pueden recuperarse y, de hecho, lo hacen. Buscar consejo profesional de un especialista en traumas o abusos puede ayudarte a trabajar lo ocurrido. Asimismo, puedes visitar a tu médico de cabecera para que este te derive al especialista adecuado.

- Evitar y aplazar: Rehuirás o pospondrás cualquier cosa en la que tengas que ser juzgado o evaluado, o que pueda causar algún conflicto (p. ej. un proyecto de trabajo o una ruptura complicada). Asimismo, tampoco probarás cosas nuevas si suponen un esfuerzo (¡lo que sería totalmente normal!).
- Falta de cuidado personal: El poco valor que te das implica que no ves mucho sentido en cuidar tu apariencia o tu salud. Es posible que sufras exceso de peso o, por el contrario, estés por debajo de tu peso mínimo, que dejes de hacer ejercicio, te automediques con alcohol o drogas e ignores la higiene personal. O puedes hacer totalmente lo contrario: hacer ejercicio y pasarte horas perfeccionando tu apariencia basándote en una suposición de lo que es atractivo.

La confianza puede aprenderse, así que sea cual sea el origen de tu inseguridad no tiene por qué gobernar tu vida.

Los «imperdibles» del capítulo

✓ Puedes detener el círculo vicioso de la baja autoestima cambiando cómo te sientes, piensas y actúas.

✓ No importa si tus problemas de confianza y la baja autoestima empezaron de niño o en la edad adulta: hay cosas que puedes hacer para arreglarlos.

✓ Sentirse inseguro a veces es totalmente normal: únicamente tienes que aprender a cerciorarte de que solo es a veces.

Terapia cognitivo-conductual y confianza

La terapia cognitivo-conductual (TCC) es una manera brillante de lidiar con tus problemas de confianza y baja autoestima. En este capítulo explicamos qué es y cómo te ayudará a ti personalmente.

¿Qué es la terapia cognitivo-conductual?

El nombre terapia cognitivo-conductual puede hacernos pensar en descargas eléctricas a través de cascos de aluminio, pero, por suerte, esa idea no podría estar más lejos de la realidad. La TCC es un tratamiento puntero, que se centra en el problema del paciente y que se aplica a una amplia variedad de trastornos, entre los que se incluyen la depresión, la ansiedad, el insomnio y, sí, también la baja autoestima. El doctor Aaron T. Beck fue uno de los primeros en aplicarla en la década de 1960, y está recomendada por el National Institute of Clinical Excellence (NICE). La TCC te devuelve el control de cómo te sientes, de tu pensamiento y comportamiento, permitiéndote aprender estrategias prácticas para entender lo que ocurre en tu vida y controlar tu salud emocional.

Está demostrado que la TCC aumenta la autoestima y se ha

Ejemplo: El bochorno de Emma

Emma reconoció a un viejo amigo, Tom, en un restaurante. Sorprendida y contenta, se acercó a él y lo saludó: «Eh... ¿hola?», replicó él. Era obvio que no tenía ni idea de quién era. En lugar de presentarse, Emma titubeó, se le trabó la lengua y se fue a toda prisa, farfullando, mortificada. Ideas como «¿Es posible que sea tan fácil olvidarse de mí?» se le pasaron por la mente, lo que tuvo un efecto dominó, pues se puso tensa y el corazón empezó a latirle rápidamente. Regresó a su mesa, se sentó en silencio y mantuvo una actitud distraída durante el resto de la velada. Estaba demasiado avergonzada para explicar a su acompañante qué había ocurrido.

convertido en un tratamiento apropiado tanto para la ansiedad como para la depresión (ambos factores claves para desencadenar y prolongar la baja autoestima).

La TCC se basa fundamentalmente en que la idea que tenemos de nosotros mismos influye en cómo nos sentimos emocional y físicamente, y en nuestro comportamiento. Por su parte, la idea que tenemos de nosotros depende de cómo interpretamos las situaciones, es decir, lo que nos afecta no es lo que ocurre, sino la valoración que hacemos de ello.

La interpretación negativa que hizo Emma de este suceso la llevó a sentirse emocionalmente insegura y su cuerpo respondió en consecuencia con síntomas de nerviosismo. Inmediatamente también dejó de comportarse con naturalidad (se quedó en silencio durante toda la cena), lo que agravó sus sentimientos de baja autoestima, al mismo tiempo que empezaba a preocuparse y sentirse culpable por arruinar la noche de su amigo.

Lo que le ocurrió a Emma puede ilustrarse con un estupendo diagrama llamado mapa mental (véase página 28).

Si Emma hubiera tenido más confianza y una mayor autoestima, sin duda habría interpretado el suceso de forma diferente. Llevaban cinco años sin verse, es posible que Tom no la reconociese por llevar un corte de pelo diferente. Si hubiera valorado las cosas de forma más realista (¿Tom tenía alguna razón para ser maleducado deliberadamente? ¿No era más probable que lo hubiera pillado desprevenido?), podría haberse presentado y haberle recordado que se conocían. Sin duda, él se habría acordado de ella y habrían podido charlar. Eso la habría hecho sentirse mejor física y emocionalmente, y habría vuelto a su mesa de mejor humor.

Tu comportamiento, tus rasgos físicos y tus ideas pueden actuar como puntos de intervención. Si cambias una de esas cosas, tendrá un efecto colateral en todas las demás, incluido tu humor. Por ejemplo, si Emma hubiera cambiado su forma de comportarse en lugar de callarse toda la cena y hubiera explicado a su acompañante lo ocurrido, podrían haberse reído juntos, se habría sentido mejor

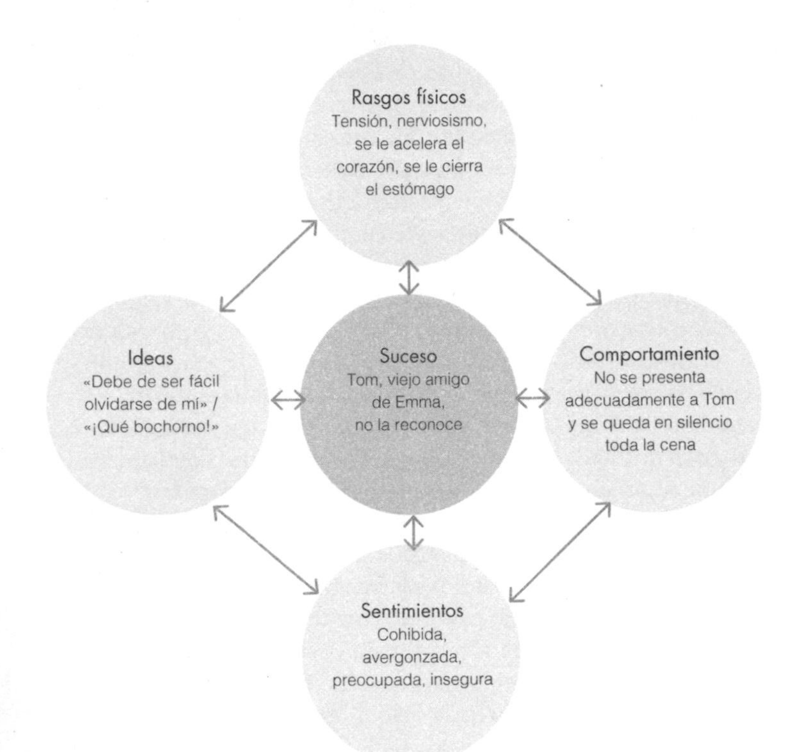

física y emocionalmente y sus ideas habrían sido más positivas. La TCC te enseña cómo se interrelacionan todas estas cosas para que puedas elegir cómo sentirte, actuar y pensar.

Cómo comprender los problemas de baja autoestima mediante la TCC

Cuando te sientes bajo de moral e inseguro, te centras en la información que respalda el modo en que te sientes. Por ejemplo, imagina que llevas a cabo un informe en el trabajo del que no estás muy seguro. Has trabajado duro, pero sigues teniendo dudas respecto a si has dejado claro lo que querías decir. De las cinco personas que lo leen, cuatro piensan que es brillante. Sin embargo, a una persona no le parece demasiado bueno; cree que podrías expresarte mejor en un par de puntos. La respuesta negativa tiene mucho más peso para ti y minimizas la importancia del resto de respuestas más positivas.

Cada día debemos asumir un gran volumen de información. El cerebro se encarga de decidir qué señalar a tu conciencia y buscar activamente pruebas que validen tus creencias. No tienes tiempo o espacio para escudriñar meticulosamente todo lo que ocurre, así que empiezas a hacer las cosas con el piloto automático. Por ejemplo, cuando aprendes a conducir y ves una señal de stop, miras al espejo y empiezas a frenar. Te preparas y piensas en los pasos para aminorar la velocidad, pero, tras unos cuantos años conduciendo, ves una luz roja y paras sin más. Todo el proceso se automatiza.

Esta forma de filtrar la información nos permite vivir al ritmo frenético que llevamos. Por desgracia, no obstante, los procesos de pensamiento negativos pueden también llegar a ser automáticos. Si sufres problemas de confianza, tu cerebro se acostumbrará automáticamente a prestar atención a las cosas malas que encajan con la visión negativa que tienes de ti mismo.

Cuando el proceso va mal...

Los prejuicios negativos que alberga tu cerebro como resultado de la baja autoestima mantienen tus niveles de confianza bajo mínimos. Esperas salir malparado o que las cosas se vuelvan en tu contra, de manera que contribuyes activamente con tu forma de pensar y actuar. En situaciones en las que te sientes nervioso o inseguro de ti mismo, tus creencias negativas entran en juego y solo prestas atención a todo lo que las confirme (p. ej. «Se están riendo de mí», o «Creen que no estoy a la altura»).

Eres todo un maestro a la hora de identificar los errores más pequeños que cometes y te obsesionas con tus defectos y fallos, al mismo tiempo que descartas cualquier cosa buena de ti mismo. En lugar de ver los errores y las debilidades como parte del ser humano y del aprendizaje, los consideras una prueba de tu incapacidad y tu inutilidad para salir adelante.

Piensa en uno de esos juguetes infantiles en los que el niño debe identificar dónde introducir cada objeto según su forma: tienes que meter las esferas dentro de los agujeros redondos y los cubos dentro de los agujeros cuadrados. Cuando padeces una baja autoestima, tu cerebro se convierte en uno de esos juguetes y solo acepta cualquier información positiva que encaje excepcionalmente dentro de unos parámetros estrictos. La información tiene que tener el tamaño y forma adecuados antes de interiorizarla. Sin embargo, en lo que concierne a la información negativa tu cerebro abandona el juguete de formas y acepta toda la información sin filtros.

Cómo te afectan los prejuicios negativos

Tal y como quedó ilustrado en el mapa mental de Emma, la forma en la que interpretas un suceso afectará a tu manera de pensar, de sentir emocional y físicamente y de actuar. Si eres extremadamente autocrítico y estás lleno de dudas, adoptarás comportamientos que exacerben esos sentimientos. Tendrás más posibilidades de evitar involucrarte en proyectos a largo plazo, o de dejarlos cuando aparezcan dificultades. Estos comportamientos promueven y alimentan las emociones negativas, como la ansiedad, el mal humor, la frustración, la vergüenza y la culpa. Asimismo, la ansiedad y el miedo desencadenarán tu lucha innata o el reflejo de huir que provocará que tu cuerpo se tense, se te acelere el pulso y la respiración y el corazón bombee sangre a tus extremidades. Esta reacción física extrema es genial si te quedas atrapado en el recinto de un león en un zoo, pero no es igual de útil si vas a conocer a tus suegros.

✪ Lista de síntomas

A continuación se exponen algunas formas comunes de pensamiento, comportamiento y sentimientos emocionales y reacciones físicas que se desencadenan por una baja confianza y una baja autoestima. Selecciona las que pueden aplicarse a ti. Si empiezas a pensar en cómo la baja autoestima te afecta personalmente podrás ver cómo todas tus reacciones están relacionadas y cómo contribuyen al problema.

Ideas

- ❑ Dudar de uno mismo: cuestionar las decisiones que has tomado y tu capacidad para tomarlas en el futuro.
- ❑ Criticarte a ti mismo: fustigarte por los errores y centrarte en tus «fracasos», p. ej.: «Me lo merezco porque no soy lo suficientemente bueno». Culparte cuando las cosas van mal aunque no seas responsable.
- ❑ Centrarte en lo que consideras tus debilidades y flaquezas
- ❑ Quitar importancia a lo positivo, p. ej.: «Eso no cuenta porque…».
- ❑ Esperar siempre lo peor, p.ej. «Es imposible que esto funcione» o «No puedo hacer frente a las repercusiones».
- ❑ Compararte constantemente con otros desde un punto de vista negativo.
- ❑ Creer que no eres capaz o que no estás preparado.

Comportamiento

- ❑ Hacer chistes despectivos a tu costa.
- ❑ Menospreciarte (y no de modo jocoso)
- ❑ Justificar cualquier cumplido, p. ej.: «Fue suerte»; «No es para tanto»; «Cualquiera podría haberlo hecho».
- ❑ Dificultad para hablar o reafirmarte.
- ❑ Disculparte en exceso
- ❑ Evitar desafíos y nuevas oportunidades
- ❑ Mostrar agresividad
- ❑ Ser perfeccionista
- ❑ Reaccionar mal a las críticas o a la desaprobación
- ❑ No hacer alabanzas o cumplidos a otros
- ❑ Ser tímido o cohibido
- ❑ Evitar las ocasiones de socialización.
- ❑ Cambiar tu forma de hablar, p. ej. hablar más lenta o rápidamente, titubear o cambiar el tono de voz.

Sentimientos

- ❑ Tristeza
- ❑ Depresión
- ❑ Culpabilidad
- ❑ Enfado
- ❑ Humillación
- ❑ Ansiedad
- ❑ Vergüenza
- ❑ Frustración
- ❑ Inseguridad

Rasgos físicos

- ❑ Tensión
- ❑ Cansancio
- ❑ Indolencia
- ❑ Aumento del ritmo cardiaco
- ❑ Desmotivación
- ❑ Distracción
- ❑ Nerviosismo
- ❑ Mala postura, p. ej. encorvado
- ❑ Actitud a la defensiva, p. ej. brazos cruzados

Ejemplo: El miedo de Fred a ser un fraude

Fred se sentía un fraude. Siempre se presentaba como alguien alegre, divertido y carismático, pero también era sincero en sus opiniones y tenía los pies en el suelo. Sus amigos le decían constantemente: «Estás muy seguro de ti mismo», y él solía reírse, pero en su interior sentía pánico. Su problema era que se consideraba solo un buen actor. Estaba lleno de inseguridades. Solo parecía seguro de sus opiniones porque procuraba decirlas de un modo determinado, un truco que había aprendido de su padre. En realidad, le aterraba ser cuestionado y no ser capaz de responder.

Creía que el motivo de caer bien a la gente era su interpretación, y que podría quedar expuesto en cualquier segundo. No se permitía mostrar ninguna inseguridad por temor a romper la ilusión que cuidadosamente había creado. Constantemente se sentía como si fuera caminando de puntillas por un alambre a gran altura. A la gente le gustaba esa versión de él, ¿no era esa la prueba definitiva de que la versión «real», llena de dudas, de sí mismo no era suficientemente buena?

Los miedos de Fred están completamente injustificados. En primer lugar, ¿de verdad puede ser un actor tan bueno? Si parece confiado, divertido y capaz de controlar la situación, es porque es lo que es. ¡No puedes fingir el carisma constantemente! Además, necesita recordar que todo el mundo tiene momentos de inseguridad y que pedir ayuda cuando la necesitas no es un signo de debilidad, en realidad es propio de alguien valiente. De hecho, a otras personas puede incluso parecerles extraño que alguien no albergue las mismas preocupaciones que ellos.

✪ Tu propio mapa mental

Nos gustaría que elaboraras tu propio mapa mental. Céntrate en un acontecimiento reciente que te haya hecho sentir inseguro. Tal vez pensabas que no estabas lo suficientemente guapo, que no acabaste algo en las condiciones adecuadas, que te pusiste en evidencia o no diste tu opinión cuando era importante hacerlo. Ponlo por escrito. Intenta recordar cómo te sentiste emocional y físicamente, qué te hizo pensar y qué hiciste o quisiste hacer. Vuelve a repasar la lista de síntomas para refrescar la memoria si es necesario, y usa las experiencias de Emma y Fred como guías.

Reflexionar profundamente sobre un suceso específico te permitirá ver lo mucho que te afectan la baja confianza y los problemas de autoestima. Puedes creer que tener la idea de que «Mi jefe siempre me critica porque no soy suficientemente bueno» es un hecho totalmente justificado que resume la situación perfectamente y no tiene implicaciones duraderas en tu autoestima, pero te

El mapa mental de Fred sería así:

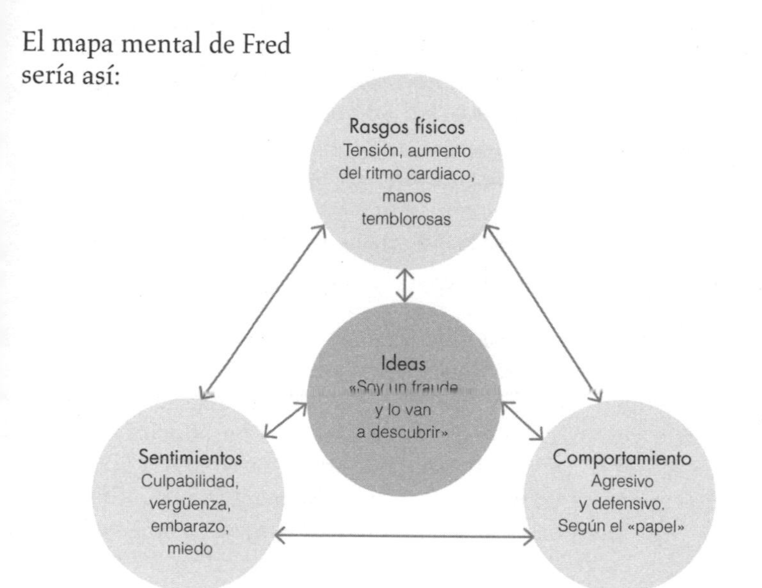

equivocarías. Y mucho. Ese simple sentimiento te entristecerá, te hará estar más inactivo o bien te enfurecerá: en cualquier caso influirá en tu comportamiento.

Anota qué parte del mapa mental te resultó más fácil de rellenar. Tal vez experimentes la baja autoestima con síntomas físicos y sientas constantemente un nudo en el estómago. O tal vez ignorar las críticas desencadene sentimientos de culpa y vergüenza que influyan en tus ideas negativas. Tu primer recuerdo es el punto a partir del cual puedes rellenar los huecos.

Cuanto mejor identifiques las cuatro partes, más herramientas tendrás para hacer cambios y ganar confianza. Vamos a presentar una serie de estrategias que te permitirán trabajar para conseguir esos dos objetivos conforme lees el libro. Si usas el mapa mental de Fred como ejemplo, comprobarás que sugerimos algunas cosas que deberías preguntarte y decirte a ti mismo cuando te sientas así:

Ideas: Si eres realmente un fraude, debes ser excepcionalmente bueno para poder mantener ese «personaje» durante tanto tiempo. No puedes fingir ser divertido o carismático. ¿A qué te refieres con que «te descubran»? Es ridículo considerarlo una debilidad porque todo el mundo se siente inseguro a veces, incluso las personas que suelen ser positivas y que gozan de una buena confianza. Nadie te despreciará porque dudes de ti mismo, de hecho, probablemente te respetarán por pedir ayuda.

Respuesta física: Tu cuerpo reacciona al miedo y te alerta de que hay una situación de la que debes hacerte cargo. Si te comportas como si estuvieras bajo alguna amenaza (es decir, alejándote, volviéndote agresivo, nervioso o introvertido), se producirá la misma respuesta física y emocional que se desencadenaría si realmente estuvieras en peligro. Si actúas de manera tranquila y neutral, tus ideas, emociones y respuestas físicas se mantendrán bajo control.

Comportamiento: Adoptar una actitud a la defensiva y agresiva solo pone en evidencia tu inseguridad, pues darás la impresión de no confiar en ti mismo y de no estar dispuesto a aceptar las opiniones de las demás personas. Es importante seguir haciendo las cosas que te resultan difíciles para que puedas aprender, mejorar y convencerte a ti mismo de que eres capaz de hacerlo. Así tu confianza crecerá.

Ponerte a prueba con cualquiera de los puntos descritos más arriba tendrá un efecto dominó en los demás y tu humor mejorará. Si Fred siguiera esos consejos, su nuevo mapa mental sería así:

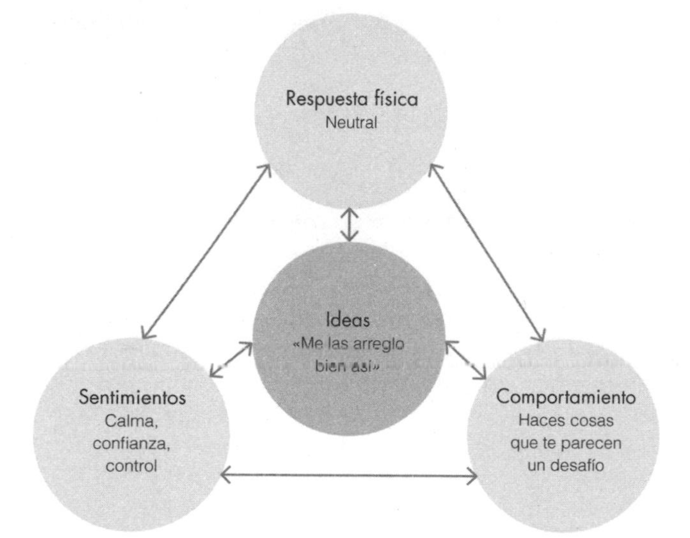

✪ Las ideas no son hechos

Este es un aspecto clave de la TCC y una gran filosofía que recordar en cualquier sitio y hagas lo que hagas.

Es muy fácil pensar «No puedo hacerlo / Soy un fracasado/ No soy lo suficientemente bueno», creer que no son solo ideas sino hechos y sentirte fatal. Sin embargo, son ideas, no hechos. Son las opiniones y valoraciones de sesgo negativo de tu cerebro. No representan la realidad.

Queremos que adquieras conciencia de este tipo de pensamientos para que puedas ponerlos a prueba y cambiarlos. Por ejemplo: «Soy un fracaso» debería ser «creo que soy un fracaso». Es una diferencia fundamental que te animará a no aceptar sin más este tipo de pensamiento sin ninguna prueba. A continuación, si crees que has fracasado o vas a fracasar, plantéate estas preguntas:

- ¿Qué capacidades y habilidades posees que puedan ayudarte a tener éxito?
- ¿En qué escala te basas para juzgar el éxito y el fracaso?
- ¿Alguna vez has conseguido hacer algo similar en el pasado?
- ¿Qué pruebas tienes a favor y en contra de esta idea?

La próxima vez que te descubras enmascarando ideas con hechos, procura desacreditarlos. Sin duda te sorprenderá lo a menudo que te rebajas con afirmaciones abrumadoras que son, de hecho, tonterías; en esos momentos, anímate pensando: «Bueno, en realidad creo que lo he hecho bastante bien», o «a X, Y y Z pareció gustarles, así que tal vez no estuvo tan mal».

Siguientes pasos...

La TCC te ayudará a:

- Desarrollar una percepción más realista de ti mismo basada en una interpretación más cercana a los hechos.
- Cambiar tu manera de pensar para moderar la autocrítica y poder cuestionarte la validez de las ideas negativas.
- Dejar de castigarte por lo que percibes como fracasos.
- Ayudarte a tener más fe en tus capacidades, tus puntos fuertes y tus habilidades.
- Animarte a probar cosas que has ido posponiendo o descartado por ser «demasiado difíciles».
- Aumentar tus sentimientos de valía y fe en ti mismo.
- Establecer y conseguir objetivos tanto a corto como a largo plazo.

Los «imperdibles» del capítulo

- ✓ La confianza que puedas llegar a tener depende de tu interpretación de un suceso. Una visión más realista de las cosas incrementará tu autoestima.
- ✓ Tu comportamiento y cómo te sientes física y emocionalmente están vinculados: si mejoras en uno de estos aspectos, también lo harás en los otros.
- ✓ Sé justo contigo mismo. No olvides tu tendencia a centrarte solo en la parte negativa. Procura aprender a valorar tus virtudes.

Pienso, luego existo

Todos tenemos una vocecita en la cabeza que nos dice qué tal te las arreglas. Si la tuya está constantemente diciéndote que eres basura, ha llegado el momento de que adquieras una visión más útil y realista.

Tu juez y jurado interior

Todo el mundo tiene un pequeño juez en el interior de su cabeza que, de vez en cuando, regala perlas de algo llamado «sabiduría». En lugar de animarte cuando te sientes inseguro y gritarte «Vamos, así vas bien», es más probable que tu juez interior te reprenda y te subestime. Es muy normal que oigas cosas como «Nunca lo conseguirás», o «No eres lo suficientemente bueno», en lugar de cualquier cosa remotamente útil o motivadora. Este tipo de pensamiento tendrá un efecto enorme en cómo te sientes emocional y físicamente, y en cómo te comportas.

Cuando tu pensamiento tiene siempre un cariz negativo (cosa que sucede cuando se sufre de baja autoestima) te machacarás por cada error (que percibas), te fustigarás por no estar a la altura de la visión de perfección que tienes y por no ser el alma de la fiesta que crees que deberías ser.

El juez es increíblemente convincente porque solo se centra en los hechos que parecen confirmar las creencias que albergas desde hace tiempo sobre ti mismo. Por ejemplo, si siempre has sentido que tenías sobrepeso y te sientes físicamente poco atractivo, tu juez insistirá hasta la extenuación en estos temas, elegirá momentos en los que te sentiste muy mal y los expondrá hasta hacerte perder todo tipo de perspectiva. Cada uno de estos pensamientos irá abriendo grietas en tu autoestima hasta que te sientas tan mal que carezcas de fuerza para intentar demostrar que son ideas erróneas.

Existe una gran diferencia entre centrarse solamente en los defectos y hacer una valoración realista de ellos. Si consigues completar el 99 por ciento de una tarea correctamente, pero te equivocas en un 1 por ciento, te centrarás en la proporción más pequeña, que es ridícula. Es importante dar un paso atrás cuando se está en una situación como esa para poder valorarla en su conjunto, no solo aquello que ha salido mal. Una visión más justa sería prestar el 99 por ciento de tu atención a lo que te ha salido bien y un 1 por ciento a lo que te salió mal. La gente suele aprender más cuando se siente apreciada y se la anima, así que, aunque desde luego no puedes ignorar tus fallos, debes valorarlos en su justa medida.

Nuestros jueces interiores emiten pensamientos conocidos como pensamientos automáticos negativos (NAT, por sus siglas en inglés). Son muy resistentes y pueden merodear por tu cabeza sin que ni siquiera te des cuenta.

Pensamientos negativos automáticos

Se trata de los pensamientos mencionados en el capítulo 2, que se disfrazan como hechos. Cosas como «No soy suficientemente listo» y «No puedo sobrellevar esta situación». Son automáticos porque aparecen de repente, sin invitación, y son demasiado huidizos para poder valorarlos con justicia. Aparecen y desaparecen tan rápidamente como un demonio de Tasmania, pero dejan un daño incalculable a su paso. Son responsables de mantener y avivar la visión negativa que tienes de ti mismo, puesto que crean prejuicios que distorsionan la información para apoyar tus miedos y dudas.

El problema con estos pensamientos es que suelen ser plausibles (por ejemplo, te podría resultar difícil sobrellevar algún problema), pero siempre serán irracionales y poco realistas (hay formas y medios para salir adelante). Si puedes pillar un NAT antes de que desaparezca y analizarlo, te darás cuenta de que es completamente ridículo. Sin embargo, es más probable que en el momento te parezca razonable debido a la baja opinión de ti mismo que tienes: «Por supuesto que no puedo solucionarlo, soy débil y estúpido». Todo esto te hará sentirte fatal emocional y físicamente, y no te ayudará a encontrar soluciones útiles (p. ej., evitando encarar un problema o rehuyéndolo).

Entre algunas de las respuestas típicas (pero a menudo totalmente inconscientes) a los NAT podríamos mencionar:

- Una visión extrema del éxito o del fracaso basada en el perfeccionismo. No hay punto medio: bien nunca es suficiente.
- Una tendencia a cambiar los objetivos de manera que nunca puedes alcanzar tus propias expectativas irracionales.
- Ignorar cualquier éxito o quitarle importancia y centrarte en lo que hiciste mal: «Sí, gané ese premio, pero ha sido pura suerte. Quien debería haber ganado dejó la empresa.»
- Ser sugestionable: moldeas las críticas que oyes sobre los demás y te ves reflejado en ellas, de tal modo que si un amigo te cuenta que su suegra está constantemente socavando sus habilidades como padre, tu mismo empezarás a cuestionarte tus propias habilidades paternales.
- Palabras como «debería» o «no debería», que tienen un sesgo negativo, salpicarán tus pensamientos, por ejemplo: «Debería haberlo invitado a tomar una copa», o «No debería haberlo invitado a tomar una copa». Esto sugiere que tu capacidad para tomar decisiones está mermada. Las personas con una mentalidad más positiva se inclinarán por usar opciones más neutrales como «puedo» o «lo haré», p. ej.: «Puedo preguntárselo la próxima vez», o «La próxima vez no lo haré».
- Harás generalizaciones de gran alcance sobre ti mismo a partir de sucesos específicos. Por ejemplo, si no consigues un trabajo será porque «nunca me ofrecen trabajos», «soy un inútil», «nunca aprendo» y, en consecuencia, «todo es un desastre».
- Modificarás los cumplidos para que encajen con tu visión negativa. Por ejemplo, si alguien te dice que has hecho un buen trabajo, te preguntarás si el resto del tiempo no has estado al mismo nivel.

«En el término medio» no está en tu vocabulario. O lo haces mal o fatal.

Nunca te va bien o, dios no lo quiera, bastante bien. (Avance informativo: lo «perfecto» no existe. No, ni siquiera ese hombre ridículamente atlético que vive en la puerta de al lado de tu casa, con su mujer e hijos y un trabajo fantásticos, es perfecto. Probablemente esté endeudado y tenga una aventura.) No te apoyas en la compasión, en las alabanzas o los elogios. De este modo, entras en un círculo vicioso porque sentirse de ese modo te hace actuar de forma insegura, vacilante o ineficaz, provocando el mal resultado que temías y llevándote a pensar cosas como «Ya estoy otra vez», o «¡Eso es típico de mí!».

El mapa mental de los NAT

El mapa mental que mostramos a continuación muestra la influencia que los NAT tienen en cómo te sientes física y emocionalmente, y lo que te harán hacer o querer hacer.

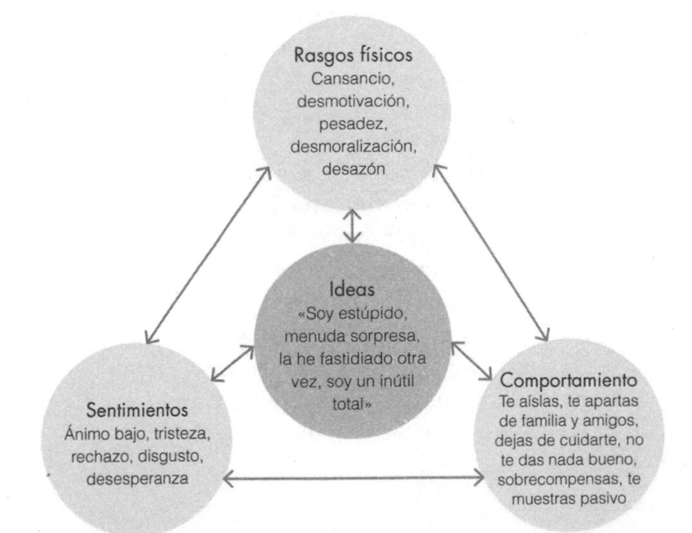

✪ Identificar los NAT

Llegar a ser consciente de los NAT y ser capaz de ver y comprender el daño que te infligen te ayudará a interpretar las situaciones de forma más saludable.

Queremos que elijas un día para identificar tantos NAT como puedas y los anotes. Cada vez que te veas cuestionándote o degradándote, anota los pensamientos que se te pasen por la cabeza. Después, escribe cómo te hacen sentir emocional y físicamente, y qué te hicieron hacer o querer hacer. Como quizá puedas detectar muchos, será más fácil rellenar una tabla que mapas mentales individuales. Hemos incluido unos cuantos ejemplos en la tabla siguiente.

NAT	Sentimientos	Rasgos físicos	Comportamiento
«Nunca voy a conseguir un trabajo»	Resignado	Holgazán, cansado	Evitas prepararte para la entrevista
«Claire tiene más estilo que yo»	Avergonzada, frustrada	Tensa, encorvada	Vistes adrede ropa sosa
«No puedo dejarle porque no me querrá nadie más»	Angustiada, enfadada, asustada	Sufre jaquecas constantes y retortijones	Comes de más o de menos, evitas ocasiones sociales

Cuando hayas completado la tabla de un día, repasa esos pensamientos y fíjate si tienen algo en común (p. ej.: ¿Están todos relacionados con tu pareja, tu trabajo o tu apariencia? ¿O son de alcance muy amplio y cubren muchos temas?).

Esta puede ser la primera vez que te enfrentas conscientemente a estos pensamientos, así que verlos escritos quizá resulte chocante. Tal vez no te habías dado cuenta de que buena parte de tu inseguridad proviene de tu trabajo, de tu relación o de lo a menudo que eres mezquino contigo mismo.

Ser consciente de ello te ayudará a concretar tu lucha contra los pensamientos negativos: has identificado las áreas concretas en las que con más probabilidad te obcecarás, de modo que estarás más atento la próxima vez antes de aceptar un pensamiento sin más y pasar al siguiente.

Pros y contras de la autocrítica

Es posible que te hayas convencido de que tus logros son mayores bajo el efecto estrés, cuando te presionan y te amedrentan, pero, en realidad, es mucho más probable que te sientas motivado si reconocen tus logros y esfuerzo. Si formaras parte de un equipo deportivo, ¿qué tipo de entrenador preferirías tener? ¿Uno que solo gritara improperios y nunca reconociera tus progresos, o uno que te animara diciéndote cosas como «No ha estado mal... pero puedes hacerlo mejor», y «Bien hecho, realmente has mejorado»? Incluso puedes imaginarte el aspecto que tendría: uno estaría furioso, con la cara completamente roja y preparado para dar un puñetazo a la pared, mientras que el otro sería alegre, tranquilo y entusiasta. Nosotras nos quedamos con la segunda opción.

✪ Los pros y contras de tu juez interior

Prepara una lista de todos los pros y contras de tener un imbécil que no deja de dar la vara como juez interior. Puedes añadir el ejemplo en la página:

Pros	Contras
◆ Ninguno. Cero. Nada de nada.	◆ Me hace sentir mal ◆ Me hace tener miedo a probar cosas nuevas ◆ Me hace pensar que voy a fallar

Ahora hagamos una lista de los pros y los contras de tener un juez interior justo y razonable:

Pros	Contras
◆ Me siento motivado	◆ Ya no puedo seguir infravalorándome
◆ Tengo ganas de probar cosas nuevas	◆ No puedo evitar los retos
◆ No me disculparé por mis acciones continuamente	◆ No puedo sabotearme
◆ Creo que puedo manejar situaciones estresantes	

Los tres contras (y todo el ejercicio) deberían mostrarte cómo tus propias creencias y acciones mantienen los pensamientos negativos, pero cuando empieces a pensar más equitativamente tu miedo al fracaso desaparecerá. Los últimos tres puntos de la columna de contras dejarán de existir.

Desafía tus NAT

Ahora que has tomado conciencia de qué son los pensamientos negativos automáticos y para qué sirven, estás en una posición mucho mejor para desafiarlos. A lo largo de la próxima semana rellena el cuestionario de la siguiente página siempre que te notes inseguro, triste, ansioso, sin esperanzas o culpable. Los cambios emocionales son una indicación obvia de que hay algo subyacente, en este caso un NAT. Anota el desencadenante (¿qué causó ese pensamiento?), después valora cuánta credibilidad le das a ese NAT (de 0 a 100, donde 0 es nada en absoluto y 100 es completamente). ¿Cómo te sentiste y cómo te comportaste?

A continuación llega la parte realmente importante. Anota qué hiciste para contrarrestar el pensamiento. ¿Es una opinión o un hecho? ¿De qué otra forma puedes ver la situación? Cuando estés luchando para refutar un pensamiento negativo, piensa qué dirías a un amigo que estuviera en tu posición.

Después de haber considerado realmente esa interpretación diferente, ¿cuánta credibilidad concedes al pensamiento negativo original ahora (0-100) y cuál sería la perspectiva más equilibrada y realista de la situación?

✪ Tu reto con los pensamientos negativos automáticos

Hemos planteado algunos ejemplos para ayudarte a empezar.

Situación	No comprender de qué habla la gente	Sentirte poco atractivo en un evento
Pensamiento autocrítico	Eres un idiota. No puedes preguntar o quedarás como un estúpido	Has ganado peso, y tienes mal aspecto. Todos lo han notado
¿Cuánto me lo creo? (0-100)	80	100
Emoción	Triste, avergonzado, humillado	Enfadado, frustrado
Comportamiento	Me quedo quieto, no digo nada para evitar llamar la atención	Llevo ropa holgada, me tapo la cara con las manos y me miro a menudo en el espejito para ver cómo estoy
Desafíos a la autocrítica	Me he unido en mitad de la conversación, no saber de qué hablan no me hace estúpido	Sí he ganado peso, pero mucha gente está estupenda con mi talla. Comprarme ropa que me vaya y favorezca mi silueta me hará sentir más confiado
¿Cuánto crees en el pensamiento original ahora? (0-100)	50	70
¿Cuál podría ser una perspectiva más equilibrada?	Sería raro si pillara al vuelo una conversación a la que acabo de unirme. Podría esperar hasta que averigüe de qué hablan	Puedo tener buen aspecto al margen de mi talla. Y nadie prestará tanta atención al tema como yo

Rellenar la tabla resultará más fácil conforme avance la semana, pues podrás detectar los pensamientos negativos automáticos y enfrentarte a ellos. La práctica te convertirá en un maestro. Cuantos más pensamientos de este tipo detengas y sometas a escrutinio, menos automáticos serán y menor influencia ejercerán sobre ti. Estás siguiendo todos los pasos correctos para poner freno a tu juez interior que emite basura infundada. Ahora no permites que opiniones ridículas de ti mismo interfieran con cómo vives tu vida.

Sigue usando la tabla durante la semana siguiente (y la semana siguiente, y la posterior a esa). Cuanto más decidido estés a cuestionar a tu crítico interior, más silencioso se volverá. Ver las situaciones y considerar los pensamientos desde cierta distancia te permitirá pensar en perspectivas alternativas, más positivas y realistas.

Ser compasivo contigo mismo

Tu lado compasivo, en la práctica, está muerto y enterrado en lo que concierne a juzgarte a ti mismo. Ni en sueños hablarías con otra persona tal y como te diriges a ti mismo. Si esta se sintiera baja de moral, no la juzgarías, sino que intentarías ayudarla a encontrar una solución al problema al que se enfrenta. Piensa, entonces, por qué aplicas una vara de medir a los demás distinta a la que usas contigo mismo. Por cursi que suene, necesitas encontrar una nueva voz que sea más compasiva contigo.

✪ Conseguir compasión

El objetivo de esta estrategia es hacer callar a tu juez interior y aprender a mantener un diálogo contigo mismo más afectuoso y útil, como si realmente te preocuparas y creyeras en ti (en realidad, bajo todo ese miedo y dudas, lo haces). Sigue los siguientes pasos y apunta las respuestas:

Piensa en alguien cariñoso, justo, sabio y fuerte, que no juzgue y en cuya opinión confíes. Tal vez sea alguien a quien conozcas personalmente (un miembro de la familia, un amigo o un colega), o solo alguien a quien admires.

- Redacta una lista de las cualidades positivas que valoras. ¿Tiene iniciativa? ¿Es un buen mediador? ¿Bondadoso? ¿Divertido? ¿Alguien que sabe escuchar?
- ¿Cómo habla? (Confía en nosotras, esto tiene su importancia.) ¿Habla lenta o rápidamente? ¿Su tono es bajo o agudo? ¿Suele gritar o ser más bien silencioso?
- ¿Qué tipo de cosas crees que te diría si le explicaras alguno de tus pensamientos negativos automáticos? ¿Cómo te tranquilizaría, te mostraría tus buenas cualidades y te animaría en general?

Lo que hayas anotado constituirá la base de tu nueva voz interior. Cuando vuelvas a estar en una situación difícil en la que la autocrítica aparezca para detenerte, haz una pausa e inicia un diálogo con tu yo interior tal como lo has descrito más arriba (imagina el tono y la voz). Así, en lugar de oír al miserable y amargado viejo gruñón, oirás a una persona compasiva que te motivará. Todo esto te hará sentir que controlas mejor tus pensamientos, lo que, unido a las cosas positivas que estarás oyendo en tu cabeza, te hará sentir más seguro de ti mismo.

Reflexionar en lugar de obsesionarse

Bueno, algo no ha salido bien o las cosas no se desarrollaron exactamente como habías esperado. ¿Y ahora qué pasa? Tienes dos opciones. Puedes:

1. **Obsesionarte:** Repasar una y otra vez qué ha salido mal, qué errores has cometido y qué podrías haber hecho de forma diferente agravará los pensamientos negativos del tipo: «He fracasado» o «Soy un inútil», y así acabarás sintiéndote fatal.

2. **Reflexionar:** Identifica qué ha salido mal y qué ha salido bien. Procura recordar algunas cosas que funcionaron y las que no, para planificar la siguiente ocasión.

Obviamente la opción 2 es mucho más saludable, pues obsesionarse con algo es una completa y tremenda pérdida de tiempo. No puedes cambiar el pasado, pero puedes aprender de él.

✪ Reflexionar y planear

- **Intenta recordar una experiencia reciente en la que sentiste que no cumpliste las expectativas o cometiste un error.** Me comporté mal en la gran fiesta de la oficina, bebí demasiado e ignoré a algunas personas.
- **Redacta una lista de cinco cosas (sí: cinco) que salieran bien o que gestionaras bien.** Hice reír a mi jefe; felicité a la chica que la había organizado; mantuve una buena conversación con uno de los directores; hice un buen contacto en otro departamento y ayudé a recoger.
- **Ahora, haz una lista de lo que salió mal. (No hay máximo, ni mínimo.)** Una compañera se estaba quejando de su trabajo (que es mucho mejor que el mío) y me reí de ella. Después simplemente me fui sin dar más explicaciones. Pensé que estaba siendo muy insensible.
- **¿Qué podrías cambiar o qué podrías practicar para la próxima vez?** Podría llamarla, disculparme y explicarle que estoy pasando por una mala época en el trabajo, y que por eso no me sentó nada bien lo que me dijo. Además, también podría intentar escuchar con honestidad las razones por las que odia su trabajo (¿y si no es tan genial como a mí me parece?) y tal vez ofrecerle consejo. Quizá si ambos estamos en una situación semejante podríamos ayudarnos mutuamente.

- **¿Necesitas pedir ayuda?** Podría preguntar a un amigo objetivo o a un compañero qué piensa y cuál podría ser la mejor manera de enfocar la cuestión.

- **Plantéate la siguiente pregunta: «¿Lo que tanto me preocupa ahora tendrá alguna importancia cuando haya pasado un día, un mes o un año?».** No. Mi compañera no puede leer la mente, así que no sabe en qué estaba pensando: probablemente ni siquiera se fijó en mi comportamiento. En todo caso, aunque lo hiciera, no pensaría en ello más de un día.

Si das la cara a las cosas que te preocupan, sentirás que llevas las riendas de la situación, lo que automáticamente te hará ganar confianza respecto a tu capacidad de manejarlas.

Los «imperdibles» del capítulo

✓ Identificar y poner a prueba los NAT te demostrará que hay formas alternativas de valorar las situaciones.

✓ Pregúntate qué le dirías a un amigo que estuviera en tu misma situación. Siempre serás más justo con un amigo que contigo mismo.

✓ Puedes decidir modificar tu voz interior para que sea más realista, imparcial y compasiva.

La fortuna favorece a los valientes

Hacer conjeturas salvajes sobre las consecuencias potencialmente horribles de tus acciones es bastante normal cuando te sientes inseguro, pero no por ello está bien. Este capítulo te convencerá de que las predicciones ansiosas son una pérdida de tiempo y espacio mental.

La angustia de las predicciones ansiosas

Cuando tienes problemas de confianza, lo más probable es que predigas lo peor: mirarás al futuro, pero solo verás fatalidad y tristeza. Pensamientos como: «No puedo hacer esto, es demasiado difícil» y «No tengo suficiente experiencia, voy a ponerme en ridículo» harán que empezar algo nuevo o superar obstáculos parezca algo imposible y abrumador.

Hacer predicciones sobre el futuro y evaluar lo que puede o no puede pasar es una técnica de supervivencia. En la época de las bestias prehistóricas, cuando los hombres vivían en cavernas e iban vestidos con pieles de animales, la capacidad de sopesar el peligro de ciertas situaciones —por ejemplo si era prudente luchar contra un mamut— resultaba imprescindible. Nuestros sensores de peligro son tan sensibles en la actualidad como antaño. Si no pudiéramos valorar los riesgos, no habría nada que nos impidiera saltar de puentes solo por divertirnos, o decir a nuestros jefes exactamente qué pensamos de ellos. Conocer los parámetros del éxito y del fracaso evita que la sociedad se derrumbe, algo positivo y útil a menos que tus predicciones y valoraciones no reflejen la realidad: eso es exactamente lo que ocurre cuando sufres de baja autoestima.

Cuando te falta confianza y no crees en ti mismo eres capaz de generar un millón de escenarios negativos potenciales consecuencia de algo que hagas o digas (o que no hagas ni digas), y al mismo tiempo ignorar los positivos.

Estas predicciones negativas te harán sentir ansioso, nervioso e inseguro. La ansiedad te engaña para creer que las cosas suponen una amenaza mayor de la que en realidad plantean. Tu confianza se desploma, mientras tu cuerpo entero se tensa y se pone en modo lucha o huida.

Luchar o huir

Cuando te sientes amenazado, se desencadena la respuesta instintiva de luchar o huir que envía adrenalina y cortisol a tu torrente sanguíneo. Se te acelera el ritmo sanguíneo y el corazón bombea sangre a los músculos y extremidades que se usarán para luchar o huir. El ritmo respiratorio aumenta para forzar la entrada de más oxígeno en el riego sanguíneo, las pupilas se dilatan para aguzar la visión así como el sentido del oído, que se vuelve tan fino como para ser capaz de oír caer un alfiler, y tu percepción del dolor disminuye. La parte del cerebro que se ocupa de la parte racional y cotidiana se retirará a una posición secundaria para que te puedas centrar completamente en el peligro.

Estás en «modo ataque», ideal si tienes que esquivar balas en una persecución de coches al estilo James Bond, pero no tan genial si no cuentas con la seguridad necesaria para pedir un aumento de sueldo.

Tu cuerpo no sabe distinguir entre amenazas físicas (una persecución de coches o un terremoto) y psicológicas (pedir un aumento de sueldo o encontrarte con tu ex en una fiesta). Reaccionarás exactamente del mismo modo, y tu mente empezará activamente a buscar cualquier otra amenaza potencial, al tiempo que se centrará deliberadamente en todos los aspectos negativos.

Predicciones ansiosas comunes

Cuando tu confianza toque fondo y te sientas ansioso, entre tus predicciones sobre el futuro se encontrarán una o todas las que citamos a continuación:

- Una sobreestimación de la posibilidad del fracaso. Te convencerás de que las cosas no funcionarán como quieres o como los demás quieren, y asumirás que lo peor es inevitable.
- Una exageración de las repercusiones de que algo salga mal, p. ej., será desastroso y tendrá unas consecuencias terribles para ti.
- Infravalorarás tu capacidad para enfrentarte a imprevistos.
- Ignorarás completamente cualquier indicación de un resultado positivo. Incluso si en otra ocasión te salió bien lo mismo, ignorarás ese antecedente o deliberadamente harás que la situación sea diferente de algún modo, para que no puedas compararlas.

Tu ansiedad puede contribuir directamente a agravar el problema si te vuelve demasiado temeroso o te impide pedir ayuda o la opinión de los demás, cosa que te dejará sin forma de medir cómo te va o cómo puedes estar haciéndolo. En lugar de eso, tendrás que basar todas tus suposiciones en lo que esté pasando por tu cabeza.

Si das por buenas predicciones como las de Julia (ver página siguiente) sin examinarlas con espíritu crítico, tendrán un gran impacto en tu vida y afectarán a cómo te sientes y a lo que haces. Incluso cuando tengas éxito y te vaya bien, criticarás tu actuación y te centrarás en cualquier defecto posible, p. ej. «Sí, pero no puede durar» o «Fue pura suerte, lo conseguí por los pelos». Al centrarse solo en los aspectos negativos de su actual situación, Julia ignoraba el mérito que tenía por haberse pasado dos años enteros haciendo malabares con tres trabajos. Si se sintiera orgullosa en lugar de descalificarse, habría tenido más fuerza y confianza para hablar con su jefe. Cuando tienes la mente ocupada por predicciones surgidas del miedo, estas no se actualizan porque menosprecias cualquier

Ejemplo: La visión profesional incorrecta de Julia

La empresa en la que Julia trabajaba se había visto muy afectada por la recesión. El 15 por ciento del personal había sido despedido en esos dos últimos años, y todos los que habían sobrevivido a la criba se sentían afortunados por tener todavía un trabajo. O bueno, más o menos. Julia sabía que debía sentirse agradecida pero su carga de trabajo se había triplicado, se pasaba en la oficina catorce horas al día y no veía la luz al final del túnel. Habían congelado las contrataciones, de modo que sabía que no recibiría ninguna ayuda pronto, pero después de dos años sin parar, estaba completa y absolutamente exhausta.

Empezaba a quedarse retrasada y su jefe ya la había reprendido dos veces. Julia no entendía cómo esperaban que siguiera a ese ritmo sin ningún otro apoyo, y sin darle un aumento como recompensa. Sentía que no la apreciaban... pero además también se avergonzaba. ¿No debería estar agradecida simplemente por conservar el trabajo?

Llevaba intentando hablar con su jefe desde hacía seis meses, pero sabía que era una mala idea. Su jefe se enfadaría, se disgustaría y la valoraría incluso menos todavía. No podrían contratarle un ayudante y tampoco conseguiría un aumento, así que, ¿qué sentido tenía intentar nada?

El mapa mental de Julia sería el siguiente:

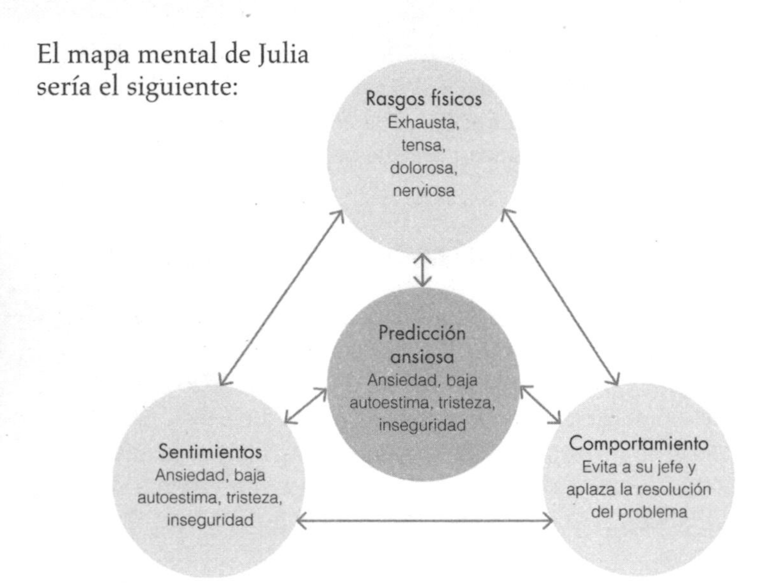

cosa que no encaje con tu visión pesimista. Esto condicionará tu comportamiento y, como Julia, acabarás o bien negándote a enfrentarte a tus problemas, o evitándolos directamente.

Evitación y aplazamiento

El miedo puede llevarte a evitar o a aplazar cambios; sin embargo, cuanto más te alejes de los problemas, más difíciles parecerán y más miedo te inspirarán hasta que parezcan insalvables.

Si no te enfrentas a algo, no tendrás por qué comprobar si tus predicciones negativas eran correctas. Nunca descubrirás si puedes sobrellevarlas o si las cosas podrían mejorar. Tomemos el ejemplo de Julia: ¿Qué sería lo peor que podría pasar si pidiera ayuda a su jefe? Que le dijera que no.

Sin embargo, también le podría decir: «Aprecio todo lo que estás haciendo y las cosas cambiarán dentro de dos meses, cuando volvamos a empezar a contratar a gente». Julia, entonces, se sentiría apreciada y aliviada, puesto que sabría que las cosas iban a cambiar.

La evitación o el aplazamiento podrían parecer las soluciones más simples en ese momento, pero en realidad solo contribuyen a aumentar tu inseguridad y tu sentimiento de culpa. Nunca hay un momento «perfecto» para hacer las cosas. Siempre habrá una excusa o una razón para no hacer algo, pero cuanto más lo retrases, más difícil será enfrentarse al problema. Además, después te sentirás culpable por no haberte enfrentado a las cosas antes, y tendrás que manejar pensamientos como: «Tendré que vivir con las decisiones que he tomado», o «Es demasiado tarde para hacer cambios».

La evitación también promueve el autosabotaje. A menudo dejas algo para el último momento por miedo a fracasar o no estar a la altura. Si las cosas van mal, puedes decir: «Bueno, me habría ido mejor si me hubiera esforzado más o lo hubiera hecho antes».

También podrías empezar algo, pero dejarlo si se vuelve muy difícil o si piensas que no te va muy bien. O puedes obsesionarte con la preparación. Estarás tan preocupado por no hacerlo bien que intentarás cubrir todos los posibles frentes y, en lugar de sentirte listo para cualquier cosa, acabarás exhausto y preocupado porque se te haya pasado algo por alto. Si te salen las cosas bien, lo achacarás a toda la preparación en lugar de a tu capacidad y habilidad natural.

Solo enfrentándote a las cosas que temas te darás cuenta de que puedes hacerlas y superarlas. Tomemos el ejemplo de la página siguiente: Craig sigue dando vueltas a sus derrotas pasadas. En lugar de eso, debería reflexionar sobre qué ocurrió antes para poder averiguar qué fue lo que no funcionó y usar esa experiencia para hacer las cosas de forma diferente esta vez.

Ejemplo: la preocupación de Craig por su peso

Hacía años que Craig quería perder peso, pero siempre le había dado demasiada vergüenza pedir ayuda, así que buscaba dietas de moda por internet, las probaba durante un par de semanas y se daba por vencido. Sus fracasos continuos le habían quitado las fuerzas para volver a intentarlo, pero su peso empeoraba cada vez más. Su apariencia lo avergonzaba y lo hacía sentirse inseguro.

Toda la ropa le quedaba pequeña y había dejado de sentarse al lado de personas en autobuses y metros porque no quería invadir su espacio. Se sentía muy mal, pero no sabía qué hacer. Se decía: «Si empiezo otra dieta, volveré a incumplirla porque no tengo fuerza de voluntad y aún me sentiré peor». Cuando se sentía tan mal, solía ponerse a comer para tranquilizarse, de modo que estaba atrapado en un círculo vicioso.

Poner a pruebas las predicciones ansiosas

Incluso las personas con confianza pueden sentirse nerviosas sobre cómo saldrán las cosas. La diferencia es que tienen fe suficiente en sí mismas para creer que saldrán bien y que, aun si no es así, serán capaces de sobrellevar las consecuencias. Sentirse ansioso no determina un resultado negativo o positivo. Tus acciones son lo que determina lo que realmente ocurre. Recuerda: tus pensamientos no son mágicos. Igual que no puedes ganar la lotería solo con pensarlo, no puedes parecer tonto o genial solo por tus pensamientos. Lo que importa es lo que hagas.

Del mismo modo que pusiste a prueba y desafiaste tus

El mapa mental de Craig sería así:

pensamientos negativos automáticos, debes hacer lo mismo con tus predicciones ansiosas para convencer a tu cerebro víctima de un ataque de pánico de que son solo hipótesis, no hechos. No eres un adivino, no puedes predecir el futuro. Basar la toma de decisiones en predicciones ansiosas es una costumbre corrosiva con la que hay que romper.

✪ Tabla de predicción de la ansiedad

Rellena la tabla de más abajo con la predicción ansiosa que tengas la próxima semana. Junto a tu predicción, anota una estimación de cuánta fe tienes en que se hará realidad (de 0 a 100). Evalúa la suposición en perspectiva: ¿qué pruebas tienes a favor y en contra?

¿Hay una visión más creíble y realista?

Situación	Hacer una presentación en el trabajo	Pedir a una amiga que cuide de mis hijos unas horas en el último momento
Cuál es/son mi(s) predicción(es) y cuánta veracidad les doy	Me pondré rojo (80) Tartamudearé (70) No podré hacerlo (70) La gente se reirá (65) Perderé el trabajo (30)	Pensará que no sé organizarme (95) Dirá que no y habré quedado mal por nada (85) Juzgará mi capacidad como madre (75)
¿Cómo te hacen sentir las predicciones emocionalmente?	Ansioso Nervioso En pánico	Avergonzado En deuda Culpable
¿Qué pruebas tengo de mis predicciones?	Nunca he hecho una presentación en el trabajo antes. En la escuela se me daba fatal hablar en público. Tartamudeo cuando estoy nervioso	No tengo pruebas que apoyen mis predicciones, simplemente nunca he pedido ayuda a mi amiga antes
¿Qué pruebas tengo que contradigas mis predicciones?	La presentación es solo delante de mi equipo y les caigo bien a todos, así que querrán que salga bien. No intentarán boicotearme ni fastidiarme. Probablemente estaré un poco nervioso, pero es normal, y solo es porque me importa y quiero hacer bien las cosas	Mi amiga es cariñosa y nos llevamos muy bien Se ha ofrecido a hacerse cargo de los niños antes, pero nunca he aceptado. Incluso si no está muy segura, puedo explicarle el motivo, que es una emergencia y que no se lo pediría normalmente
¿Qué es lo peor que podría pasar?	La fastidio y no consigo acabar la presentación. Los demás se ríen de mí y me gano una reprimenda	No acepta cuidar de los niños y me dice que le sorprende que me haya puesto en tal situación
Si ocurre lo peor, ¿qué podría hacer para sobrellevarlo?	Si la gente se ríe, puedo intentar ver yo también el lado divertido y poner buena cara. Solo lo harán de buena fe. Si me echan una reprimenda, podría pedir que me dieran formación para poder hablar mejor en público.	Si me dice que no, podría pedírselo a otra persona, llevarme a los niños conmigo o rehacer el plan en el último minuto Si parece sorprendida por lo repentino de la situación, le volveré a explicar que será una sola vez

¿Qué es lo mejor que puede pasar?	Podría ir genial y todo el mundo quedaría impresionado conmigo	Acepta cuidar con gusto de los niños y echarme una mano
¿Qué es lo más probable que ocurra?	Hago la presentación y me pongo nervioso, pero no me va mal	Se queda con los niños para echarme una mano
¿Cuánta veracidad das ahora a tus predicciones? (0 -100)?	Me pondré rojo (80) Se me trabará la lengua (50) No podré hacerlo (20) La gente se reirá (20) Perderé mi trabajo (20)	Pensará que soy desorganizada (40) Dirá que no y habré quedado mal sin motivo (10) Juzgará mis habilidades como madre (0)

Rellenar la tabla te demostrará que tus ideas sobre el peor resultado posible son muy poco realistas, pero incluso si ocurre lo peor serás capaz de sobrellevarlo. Si diseccionas tus predicciones podrás ver los elementos que conforman esa sensación de miedo (que puede parecer abrumadora), y tendrás la oportunidad de manejar cada preocupación por separado, lo que reducirá tu inseguridad al tiempo que acrecienta tu confianza. Serás capaz de enfrentarte a las situaciones con la mente abierta. Si sigues usando esta tabla siempre que te aborden predicciones ansiosas, desconfiar de este tipo de pensamientos pronto se convertirá en una segunda naturaleza. Al cabo de poco tiempo ni siquiera tendrás que usar la tabla, ya que podrás evaluar con objetividad y rapidez mental una situación y enfocarás tus tareas con más confianza de forma natural.

Imagina el éxito

Cuando te aterroriza un posible mal resultado, resulta natural imaginar el escenario. La imaginación es muy poderosa. Si llegas a imaginarte a ti mismo titubeando o vacilando durante una presentación, e incluso oyes a gente riéndose, puede parecer inevitable que eso sea lo que ocurra.

Imaginarte estas escenas te hará sentir las mismas emociones y respuestas físicas que si algo estuviera ocurriendo de verdad. Sientes vergüenza, bochorno y te quedas petrificado incluso antes de empezar.

En este momento, tienes mucha práctica para visualizar catástrofes, pero se te da fatal imaginar cosas buenas. Ahora queremos que utilices la imaginación para repasar todos los resultados positivos posibles de un suceso, para que veas, oigas y sientas el éxito en lugar del fracaso.

Además, por supuesto, tendrás que repasar todo lo que necesitas hacer para asegurarte de que todo salga bien: es como un ensayo. Los atletas y los actores a menudo practican esta técnica antes de competir y actuar. Procuran que su cuerpo y mente estén en el mejor modo para recrear en la realidad lo que acaban de visualizar mentalmente.

La imaginación te ayudará a:

- Familiarizarte con lo que necesitas hacer para sentirte bien preparado.
- Ganar confianza antes de probar algo nuevo.
- Reducir los pensamientos negativos para poder concentrarte en los resultados positivos.
- Atreverte a tener el éxito como objetivo, pues ya lo has visto e incluso saboreado.

✪ Ejercicio de imaginación para lograr un objetivo

Piensa en algo que necesites hacer o a lo que debas enfrentarte la semana próxima, dentro de un par de semanas o el mes que viene. Algo que te esté preocupando, molestando y sobre lo que hayas estado haciendo predicciones ansiosas.

1 Escribe la cuestión o situación específica que te moleste.
- Necesito romper con mi pareja, que abusa emocionalmente de mí, y no debo permitir que me presione para seguir juntos.

2 Después, anota el mejor resultado posible y cómo se desarrollaría todo. ¿Qué harías, qué harían los demás y cuál sería el resultado final deseado?
- Le diría con firmeza que es mi decisión y que no hay vuelta atrás. También recalcaría que es lo mejor para ambos, que ninguno de los dos es feliz y conforme pasan los días nos hacemos más desgraciados. Mi pareja se disgustaría, pero aceptaría mi decisión y dejaría que me fuera.

3 Léelo en voz alta. Oír las palabras hará más oficial tu decisión de llevar tu propósito a cabo. También te permitirá distanciarte un poco de tus pensamientos, y así tal vez puedas ver otro paso del plan, o bien encontrar la solución a un obstáculo que habías pasado por alto.
- Si grita, repetiré con firmeza y calma que es mi decisión final y que es lo mejor. No permitiré que me arrastre a una discusión o a ningún tipo de juego de culpabilidad. Simplemente diré: «Esto es lo que tiene que pasar y será lo mejor para ambos».

4 Cierra los ojos, despeja la mente y respira hondo unas cuantas veces, coge aire por la nariz y suéltalo por la boca.

5 Ahora imagínate a ti mismo después de hacer acopio de toda tu confianza. Eres tú en tu mejor momento. ¿Qué llevas, qué postura adoptas, estás listo?
- Permaneceré erguido con la cabeza recta y también tendré la maleta hecha para no tener que hacerla a toda prisa con mi pareja enfadada. Tener las cosas preparadas demostrará que no hay vuelta atrás y que no voy a cambiar de idea.

6 Adopta la postura y actitud de esa versión de ti que has imaginado. Baja los hombros, permanece derecho y con el mentón levantado.

7 Repasa exactamente qué quieres que ocurra (hasta el último detalle) mentalmente. ¿Qué dice esa versión segura de ti, qué hace, qué piensa, qué siente? Es una película y tú eres el director. Tienes el control absoluto.

8 Fíjate en que todo sale exactamente como querías.

Para sacar el mayor provecho de tu imaginación debes practicar, así que repasa una y otra vez esta escena tantas veces como lo necesites hasta que la positividad impregne la vida real.

Este tipo de ejercicio de visualización te ayudará a convencerte de que las cosas pueden salir bien y de que es posible hacer cambios en tu vida. Por mucho miedo que pueda dar enfrentarte a los problemas, tienes las habilidades y la fuerza interior para superarlos. No tienes por qué acomodarte a sentirte constantemente preocupado, ansioso e insatisfecho.

En el próximo capítulo aprenderás a poner en práctica la confianza y seguridad que acabas de descubrir.

Los «imperdibles» del capítulo

- ✓ Si cambias las predicciones ansiosas por otras realistas y equilibradas, ganarás mucha más confianza de la que imaginas.
- ✓ Usa las visualizaciones técnicas para conseguir un estado mental positivo y confiado.
- ✓ Conserva en tu mente esa buena imagen personal y pregúntate: «¿Qué haría esa versión de mí?» siempre que te sientas ansioso o inseguro.

Una acción vale más que cualquier pensamiento

Ahora que sabes cómo manejar los pensamientos para que no te perjudiquen, puedes enfrentarte a tus miedos y entrar en acción. Cuando empieces de verdad a hacer las cosas que has estado aplazando, no tardarás en comprobar que no son tan aterradoras como creías.

Hora de actuar

Ahora que eres un experto en desafiar tanto tus pensamientos negativos automáticos como tus predicciones ansiosas, puedes poner a prueba la nueva y resplandeciente versión de ti mismo que ha cobrado vida en tu imaginación. Necesitas empezar a enfrentarte a las cosas que has estado aplazando por miedo, para que puedas demostrarte a ti mismo que puedes enfrentarte a ellas así como tu propia valía.

Cuando sufres baja autoestima, tus NAT y predicciones ansiosas pueden haber intentado convencerte de que si algo sale mal es solo culpa tuya, en lugar de ser el resultado de una falta de confianza, práctica o de unas circunstancias desafortunadas. Ahora que empiezas a tener una visión más realista, lo más probable es que tengas más confianza no solo en tu capacidad de empezar tareas, sino también de completarlas. Acabar algo que has estado aplazando te ayudará a aumentar la confianza y la motivación, al margen de si el resultado fue bueno, bastante bueno o brillante. ¡Lo importante es que lo has hecho!

La autoeficacia

El psicólogo Albert Bandura definió la autoeficacia como «la creencia en la capacidad de uno mismo de tener éxito en ciertas situaciones». Esta creencia (o la falta de ella) desempeña un papel importante en tu manera de encarar trabajo, desafíos y objetivos.

Las personas con una baja autoeficiencia suelen esperar a sentirse completamente seguras de algo antes de llevarlo a cabo, cosa que normalmente significa que esperan mucho tiempo (en algunos casos, no empiezan nunca). Para aumentar tu autoestima debes acostumbrarte a actuar antes de estar completamente listo, como hacen las personas con confianza. Saben que pueden aceptar el fracaso si las cosas se tuercen, pero tienen suficiente fe en sí mismos para creer que no tendrán que hacerlo.

Las reglas de la autoeficacia

Las personas con un fuerte sentido de la autoeficacia:

- Ven los retos como tareas a dominar
- Desarrollan interés en las actividades en las que se ven envueltos
- Se comprometen y establecen lazos de apego con lo que hacen
- Se recuperan rápidamente de los reveses y las decepciones

Las personas con un sentido débil de la autoeficacia:

- Evitan las tareas que puedan considerarse retos
- Creen que las situaciones y actividades difíciles están más allá de sus capacidades
- Se centran en los fracasos personales y en los resultados negativos
- Pierden rápidamente la confianza en sus habilidades personales

Hasta ahora, solo has pensado en hacer cambios, que es un gran primer paso. No obstante, ha llegado la hora de poner en práctica todo lo que has aprendido. Solo cuando inicias algo puedes tener la esperanza de acabarlo. Tus niveles de estrés se reducirán enormemente una vez que hayas empezado.

Tienes que ponerte en situaciones que te den miedo, solo así dejarás de quedarte atascado. Asimismo, podrás valorar las opiniones de otras personas y demostrarás tu capacidad para sobrellevar todo el proceso, lo que aumentará tanto tu confianza como tus niveles de autoestima y autoeficacia.

Probado y demostrado

El último capítulo se ha centrado en poner a prueba los pensamientos y predicciones acerca de determinados sucesos o situaciones para que tengas una visión realista de tus capacidades y de lo que podría ocurrir. Ahora podrás saber lo que pasará de verdad. Necesitas poner a prueba tu nueva manera positiva de pensar para reunir pruebas que tu juez interior no pueda desestimar.

✪ Poner a prueba la autoeficiencia

Hemos modificado la tabla usada en el capítulo previo para que desafíes tus predicciones ansiosas. Esta vez, harás lo que de verdad te asusta o lo que has estado evitando para demostrarte unas cuantas cosas a ti mismo:

1 Que puedes enfrentarte a tareas difíciles.

2 Que las predicciones negativas rara vez se hacen realidad, y si llegase a ocurrir…

3 Podrías sobrellevar que las cosas no salgan bien.

4 Que pensar de forma más realista en lo que ocurre hará que confíes más en ti mismo.

Para poner en práctica lo que has aprendido hasta ahora (véase más arriba), sigue las sencillas directrices que te damos más abajo:

- Elabora una lista de todas las cosas que has estado posponiendo o que te provocan ansiedad.
- Clasifica cada una de las tareas, hechos o situaciones según el

miedo o la dificultad: empieza por lo que menos te asuste o te parezca más fácil y ve subiendo hasta acabar con lo que más miedo te dé o lo que más difícil te parezca.

- Tan detalladamente como puedas, anota la tarea/acción que te intimide menos.
- A continuación, pon por escrito tu predicción de lo que ocurrirá. ¿Cómo te sentirás cuando lo hagas, qué crees que notarán otras personas, etc.? Después, como hiciste en el último capítulo, puntúa la predicción según la credibilidad que te inspire, de 0 a 100. (Con suerte, estas predicciones no serán tan apocalípticas como en otras ocasiones, gracias a todo el trabajo que has hecho hasta ahora.)
- Imagina un experimento para poner a prueba tu predicción. ¿Qué puedes hacer para averiguar si tu predicción se hará realidad?
- Lleva a cabo el experimento, enfréntate a tu miedo y completa la tarea.
- Pon por escrito lo que ocurra de verdad. ¿En qué se distingue de lo que esperabas que ocurriera? ¿Qué has aprendido? ¿Qué impacto ha tenido actuar de forma diferente en cómo te sientes? ¿Qué implicaciones tiene esto en la visión negativa que tienes de ti mismo? Tal vez descubras que tus predicciones ansiosas no eran correctas y que las alternativas han resultado más realistas o útiles. O tal vez llegues a la conclusión de que tus predicciones ansiosas eran certeras, pero has sido capaz de apañártelas bien.
- Ve cumpliendo gradualmente con tu lista. Recuerda ignorar ideas como «No quiero hacer esto» o «No vale la pena». Solo son un obstáculo en tu progresión. En realidad, enfrentarte a tus miedos es la única manera de probar que eres capaz y de sentirte mejor. Cuantas más cosas hagas, más fácil te resultará enfrentarte a cada una de las tareas.

Antes de empezar, identifica todos los comportamientos inútiles que pueden impedirte sobrellevar tus predicciones negativas y tu ansiedad (evitar, eludir o prepararse en exceso) y asegúrate de no caer en ellos durante el experimento.

Aquí hay un par de ejemplos para empezar.

Situación	Predicción	Experimento	Resultado	Conclusión
Pensamiento autocrítico	¿Qué crees que ocurrirá y cuánta veracidad le das? (0-100)	¿Cómo puedes comprobar estas predicciones?	¿Qué ocurrió en realidad?	¿Tu predicción era correcta? ¿Hay una visión más equilibrada? ¿Qué te parecen ahora tus predicciones?
Tener una 2.ª cita con una persona que me gusta	Creerá que soy aburrido si no bebo nada (95). No querrá volver a salir conmigo (100)	En la última cita bebí mucho, así que está vez procuraré controlarme. No le pediré salir, esperaré a que lo haga la otra persona	No bebí mucho y lo pasé bien. Él/Ella no me ha pedido volver a quedar, pero creo que lo hará	No le he parecido aburrido, nos hemos reído. Mis predicciones parecen algo tontas. Aunque no volvamos a salir, no será culpa mía
Pedir un ascenso o un aumento	Se negarán y repasarán mis defectos (75). Me acusarán de codicioso (80). Creerán que aspiro a más de lo que debo (80)	Programar la reunión y pedirlo. Asegurarme de preparar una lista de razones por las que lo merezco	Dijeron que no, pero recalcaron que aprecian lo que hago y lo duro que trabajo. Dentro de 3 meses revisarán mi situación	Aunque hayan creído que aspiraba a más de lo que merezco, creo que me respetan y me consideran ambicioso en un buen sentido. También me siento mejor al saber que aprecian mi trabajo

En realidad, poner a prueba tus miedos e inseguridades debería haberte demostrado que las cosas rara vez salen tan mal como crees, y si lo hacen, eres capaz de sobrellevar las consecuencias. Date alguna recompensa y acepta el mérito de haber completado esa tarea. Pasar a la acción y enfrentarte a tus miedos es increíblemente valiente, y deberías sentirte orgulloso de ti mismo. No solo has superado tus miedos, sino que has refutado tus peores autocríticas. Ahora el tono de tu juez interior habrá cambiado drásticamente, o habrá hecho las maletas para marcharse.

El principio de perfección

La perfección no existe. Es un mito peligroso. Ya lo hemos mencionado, pero vale la pena repetirlo porque intentar estar a la altura de una visión idealista de cómo crees que deberías ser o de cómo los demás creen que deberías ser es un billete seguro para conseguir una baja autoestima.

La confianza se basa en saber que podrás sobrellevar cualquier cosa que la vida te ponga por delante: buena o mala. Y con «sobrellevar» nos referimos a salir lo mejor parado posible en cualquier situación. Tienes que ser realista respecto a lo que puedes y no puedes hacer, además de sobre lo que es probable que ocurra, cosa que es difícil si te sientes deficiente en algún aspecto. Aunque esforzarse más puede ser positivo, no debes usar esa capacidad de esfuerzo para fustigarte.

Cometer errores no es una debilidad. Es una parte fundamental del proceso de aprendizaje e indispensable para llegar a conocerse mejor a uno mismo. La presión a la que te sometes en aras de la perfección acabará provocándote un colapso nervioso. También habrá muchas probabilidades de que toda experiencia se convierta en algo que haya que soportar, y no disfrutar. Además, si tu único objetivo es conseguir la perfección, tus propias reglas internas dictarán que nunca podrás ganar, pues estarás constantemente moviendo los objetivos: tu nueva pareja no tiene todas las características deseadas; tu aumento de sueldo de mil euros debería haber sido de tres mil; en lugar de perder dos kilos de peso, deberías haber perdido cuatro. ¡Date un respiro!

Es posible que dejes de trabajar, que empieces a posponer o evitar las cosas por la creencia errónea de que si intentas algo y no llegas a la meta que te habías puesto habrás fracasado. No permitas que el miedo te impida aprovechar las nuevas oportunidades. La perfección es una ilusión y la decepción es solo temporal. Es inevitable equivocarse cuando asumes riesgos, te ayudan a comprobar dónde está el límite de tus ideas e incentivan la creatividad y la innovación. Son una parte indispensable del desarrollo de una persona, te permiten perfeccionar nuevas habilidades y llegar a comprenderte mejor a ti y a los demás.

Abandona tu zona de confort

Dependiendo del tiempo que hayas sufrido una baja autoestima y una confianza deficiente, es muy posible que te sientas cómodo posponiendo cosas, evitándolas o no poniendo el suficiente esfuerzo. Adaptarse a vivir a medias es una opción, pero no es ni la mejor ni la más adecuada.

Es posible que pienses que esconderse, no alcanzar tu pleno potencial o no ponerte retos hará las cosas más fáciles, pero no es así: a largo plazo, tendrás que vivir con sentimientos de culpa, remordimiento e inseguridad. Que las cosas no salgan como esperabas o habrías querido puede resultar muy duro, pero no por ello hay que vivir buscando excusas para no actuar. Puedes hacer cambios.

Eres suficientemente fuerte para tomar decisiones, así que ¿por qué no hacerlo? ¿Qué consigues evitando todos los riesgos? Tal vez lleves una vida segura, pero ¿será feliz y completa? No hay nada que te impida intentarlo.

Actualiza tus reglas personales

Imagina lo liberador que sería que dejara de importarte el fracaso. Lo más curioso es que si te quitas presión conseguirás que tus resultados sean mejores. Necesitas cambiar tus reglas personales de «cualquier cosa que no sea la perfección = fracaso» a «Lo haré lo mejor que pueda y aprenderé sea cual sea el resultado».

Ejemplo: Una oportunidad para preocuparse

Robyn trabajó como profesora auxiliar en una escuela de primaria durante seis meses y le encantaba. Todo el personal decía que era buena en su trabajo y la animaron a presentar una solicitud para entrar en un curso a jornada completa que empezaba al cabo de seis meses. Emocionada y motivada, siguió el consejo de sus compañeros. Rellenó todos los formularios, fue a todas las entrevistas y esperó nerviosa a que le dijeran si la habían admitido en el curso.

Al final no le dieron el trabajo.

Se quedó terriblemente avergonzada. No solo sentía que se había fallado a sí misma, sino que también creía que había decepcionado a todos sus colegas. La habían ayudado y la habían apoyado, así que dio por sentado que ellos estarían tan disgustados como ella. Cuando les dijo que no lo

…:· había conseguido, se echó a llorar y, a continuación, se sintió peor por hacer que los demás se sintieran mal. No conseguir entrar en el curso hizo trizas su confianza. Se volvió más tímida y retraída en el trabajo, y caía en errores tontos que antes no habría cometido. «Si no soy buena para el trabajo de profesora, es evidente que tampoco sirvo como auxiliar», pensaba. Físicamente estaba tensa, encogida, nerviosa e inquieta, y empezó a evitar a sus compañeros en los descansos y a la hora de comer.

La práctica lleva a la perfección

Es un tópico, pero es cierto. Si cometes un error, o algo no sale como querías, simplemente practica. Puedes aprender lo que falló la última vez y practicar hasta que sientas que tienes la confianza suficiente para intentarlo de nuevo.

Si te asusta hablar en público, da todos los discursos necesarios hasta que te sientas cómodo. Habla delante del espejo, con tu pareja, con tus padres, con un extraño en el autobús. Hazlo tantas veces como puedas. Si quieres aprender a hablar con las personas del sexo opuesto con más confianza, simplemente, hazlo. Di «hola», «buenos días», o simplemente «bonitos zapatos».

Entra en acción y no te rindas hasta que consigas los resultados que persigues. Es muy probable que tengas que enfrentarte a reveses, fracasos y rechazos, pero pueden servirte para aprender y ganar confianza.

El mapa mental de Robyn tiene este aspecto:

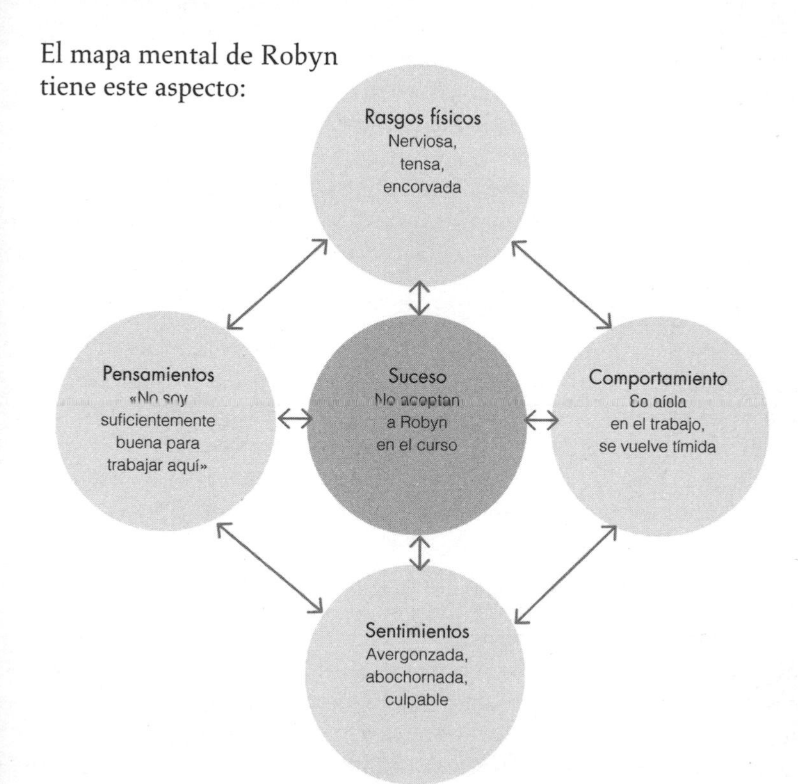

Robyn podría considerar ese rechazo como un punto de partida para cambiar su vida, o bien verlo simplemente como un obstáculo insuperable. Por supuesto, que te rechacen es siempre desagradable, pero Robyn podrá usar lo que ha aprendido durante el proceso de selección para hacerlo mejor la próxima vez y, además, tendrá un año más para acumular experiencia. La visión de los errores y las dificultades como representaciones indelebles de fracasos personales puede gobernar tu vida. Tal vez Robyn deje su puesto como profesora auxiliar y consiga otro trabajo que no la satisfaga tanto.

Quizá no vuelva a confiar en sus habilidades de nuevo, y no solo en lo que respecta a la enseñanza. Asimilar el rechazo de ese modo puede empañar la visión de sí misma en todos los aspectos de la vida. O bien puede usar la experiencia en su beneficio, presentar una nueva solicitud, entrar en el curso y convertirse en profesora titular. La forma en que decidas ver las cosas dará forma a tu vida.

✪ La regla de tres

Elabora una lista de tres cosas que siempre has querido probar y que puedas hacer durante el mes siguiente. Busca la manera de llevarlas a cabo y no dudes. No lo pienses, ni investigues demasiado: simplemente lánzate. Puedes leer sobre algo hasta quedarte bizco, pero a menos que lo intentes de verdad, nunca llegarás a saberlo todo. Solo por leer un libro de recetas no te considerarías un cocinero excelente; probarías a hacer las recetas y practicarías unas cuantas veces hasta que te sintieras cómodo con ellas. En lugar de ver las cosas en términos de éxito y fracaso, necesitas recurrir a tu niño interior y utilizar el principio para aprender a caminar: si los niños no se pusieran de pie y volvieran a intentar andar después de caerse, todos iríamos por ahí gateando. Los niños no conocen el concepto de fracaso, así que primero saltan sobre ambos pies, que es exactamente lo que necesitas hacer tú también.

- Haz una lista de cosas posibles que te gustaría hacer el próximo mes.
- Elige tres que no sean demasiado similares. Una que sea fácil («dar a alguien mi número de teléfono», o «sugerir a mis colegas ir a tomar una copa después del trabajo»), una que sea más difícil («dirigir una reunión en el trabajo», «apuntarte a una clase de ejercicio nueva») y algo que requiera mayor planificación («participar en un concurso de escritura creativa» o «solicitar plaza en clases nocturnas»).

- Revísalas y traza un plan; por ejemplo, si uno de tus objetivos es dar a alguien tu número de teléfono, queda con unos cuantos amigos para salir por la noche a algún sitio donde creas que habrá más solteros.

- Hazlo. Encara la situación con entusiasmo y destierra todos los pensamientos que tengan que ver con el éxito o el fracaso: piensa que es una simple experiencia más, y no algo por lo que vayan a juzgarte. El éxito de la tarea reside en obligarte a hacerlo, el resultado es irrelevante. ¿Qué más da si la persona a la que le diste el número se da media vuelta y te dice que está casada? Al menos lo has intentado.

- Prepáralo otra vez y vuelve a intentarlo. ¡Practica! Con cada intento, se hará más fácil.

Los «imperdibles» del capítulo

- ✓ Llevar de verdad a la práctica las cosas que te dan miedo aumentará tu autoeficacia y, por tanto, tu confianza.
- ✓ La perfección es un mito. Deja de intentar alcanzar ideales imposibles y céntrate en lo que de verdad puedes hacer.
- ✓ Acepta los errores como parte del proceso de aprendizaje. Ponte en pie cuando las cosas no funcionen y prueba con un enfoque diferente.

Capítulo 6

Orgullo o prejuicio

Enorgullecerte de tus logros es una parte esencial para ganar confianza. Este capítulo te enseñará a erradicar los prejuicios que albergas contra ti mismo y a empezar a concederte el mérito que te has ganado.

Apreciar las cosas buenas

Una parte esencial para ganar confianza es enorgullecerte y disfrutar de tus logros, además de aceptar el mérito por lo que has hecho bien. Has pasado demasiado tiempo castigándote por tus supuestos fracasos y no has prestado suficiente atención a las cosas que has ido consiguiendo sin problemas.

A estas alturas, ya estarás familiarizado con las diversas formas que te pueden llevar a ignorar tanto las cosas buenas que te ocurren como las cosas buenas que has instigado: menospreciarás los cumplidos positivos por considerarlos infundados, rebajarás la importancia de tus logros, los atribuirás a la suerte y te obcecarás con las críticas.

Estás tan acostumbrado a ignorar tus virtudes que probablemente creerás que valorarlas es arrogante o egocéntrico. Bueno, pues no lo es. Reconocer tus atributos positivos no es, en absoluto, presuntuoso; en realidad, es muy importante. Necesitas conocer bien tus puntos fuertes para estar en la mejor posición posible para lograr tus objetivos. Se trata de una parte fundamental de tu autoestima. Necesitas empezar a ser más benevolente contigo mismo.

Los estudios de investigación sugieren que hay diferentes tipos de autoestima. Algunas personas tienen confianza en sí mismas sea cual sea la situación, mientras que la autoestima de otras puede variar según su último logro o a quién logren impresionar. Cuando las cosas les salen bien, se sienten genial, pero cuando se enfrentan a algún tipo de rechazo se sienten avergonzados y las dudas se apoderan de ellos, y por ello vigilarán en todo momento, sin relajarse, su comportamiento y la reacción de los demás. No pueden evitar compararse a los demás para estar seguros de que están a la altura y no se quedan rezagados.

Para llegar a tener plena confianza en ti mismo, no puedes depender constantemente de otras personas, porque, de ese modo, que te sientas bien dependerá siempre de cómo te haga sentir otra persona, lo cual es una forma muy precaria de vivir. La aprobación de las personas a las que admiras debería ser siempre un añadido, y en modo alguno pueden convertirse en la base para determinar tu valía.

Así, en lugar de basar tu autoestima en opiniones concretas o en cómo te va ahora, deberías apostar por una visión más amplia basada en todas tus experiencias, es decir, una especie de autoevaluación objetiva de todos tus puntos fuertes y habilidades. Este tipo de medida interna no es solo mucho más segura, estable y realista, sino que generalmente también es una mejor manera de vivir.

✪ Igualdad de oportunidades

Piensa en la última vez que hiciste algo realmente bien. Puede ser cualquier cosa. Tal vez sacaste un buen resultado, valoraron de forma excelente tu trabajo, preparaste una cena deliciosa o hiciste reír a un amigo. ¿Cómo te sentiste? Ahora calcula más o menos cuánto tiempo has dedicado a pensar en todo esto. ¿Diez minutos? ¿Quince? ¿Dos?

A continuación, piensa en la última cosa que te salió mal, que no hiciste correctamente o que no salió tan bien como te habría gustado. Quizá te apresuraste en algún trabajo y después tuviste que corregirlo, o discutiste con tu pareja y dijiste algo que lamentas. ¿Cómo te sentiste? Ahora calcula más o menos cuánto tiempo pasaste pensando en ello. ¿Una hora? ¿Un día? ¿Una semana?

Tienes una imagen tan negativa de las cosas que probablemente te resulte bastante difícil pensar en algo que hayas hecho bien, pues automáticamente descartas pequeñas cosas, como hacer que un amigo se sienta mejor, porque no les darás la importancia debida. Eso es una tontería. Estas cosas importan y son reflexiones de gran valor sobre tu carácter.

Seguro que pasaste más tiempo pensando en lo que te salió mal que en lo que hiciste bien. No es una visión justa, porque tu tendencia a ver solo lo que no te gusta de ti mismo, es decir lo que consideras fallos, se impone y eclipsa todas tus fuerzas. Por esa tendencia, tendrás que hacer un esfuerzo para recordar, sobre cualquier otra cosa, las cosas que haces bien.

Censura tus prejuicios

Tienes prejuicios contra ti mismo. No, no lo niegues. Los tienes, es un hecho. Christine Padesky, cofundadora del Centro de Terapia Cognitiva de California, afirma que tener prejuicios contra uno mismo es un síntoma común de la baja autoestima.

El prejuicio es una opinión negativa que no está respaldada por ninguna prueba y es extremadamente difícil de cambiar. Por ejemplo, hay quien puede tener muchos prejuicios contra las mujeres que conducen. Creen que las mujeres conducen peor que los hombres y que cualquier mujer que sea hábil tras el volante es una excepción de la regla, algo casual, o bien miente sobre lo buena que es.

Podrían darse un millón de estadísticas o ejemplos que demuestran lo ridícula que es esta idea, pero a las personas con prejuicios no les importarían. No quieren que los saquen de su error, y ahí reside el problema.

Tienes que ser capaz de escuchar, asumir y aceptar nueva información aunque contradiga tus creencias para librarte de un prejuicio.

Así que, para librarte de los prejuicios que tienes contra ti mismo, tienes que poner de tu parte para creer en ti y empezar a gustarte. Damos por sentado que si no te interesara hacer esto no estarías leyendo este libro, así que ya has dado el primer paso.

Ahora solo tienes que prestar mucha atención a toda la información que refute tus prejuicios y asumirla. Fácil, ¿no?

Acepta un cumplido (de los demás y de ti mismo)

Para empezar a ganar confianza, vas a tener que aprender a elogiarte a ti mismo y a aceptar cumplidos de los demás. Es muy fácil restar importancia a los cumplidos, no tomarlos en serio y dar por sentado que la gente los dice porque es educada o amable. En ocasiones puede ser cierto, pero normalmente te ganas los elogios que recibes.

Aceptar un cumplido es un arte. Hay personas que quieren que tengas éxito y que te sientas bien, ahora tienes que empezar a confiar en ellas y a creer en ti mismo. Esto no implica que tengas que ir por la calle gritando lo genial que eres o que lleves una chapa en la que se lea «Soy genial y lo sé». Es una cuestión de equilibrio. Al empezar a reconocer tus puntos positivos, empiezas a equilibrar las escalas de la autoevaluación.

El impacto positivo de reconocer y aceptar las cosas buenas que tienes tendrá un efecto determinante en cómo te sientes emocional y físicamente, y en lo que haces.

Ejemplo: Una lección de cocina

Steph había perdido el trabajo que tanto le gustaba en marketing. Sentía como si se abriera el suelo bajo sus pies. Estaba tan devastada que ni siquiera había sido capaz de buscar otros trabajos. Se limitaba a esconderse en casa y a refugiarse en su amor por la cocina. Empezó preparando festines e invitando a todos sus amigos a comer porque siempre hacía demasiado. Pronto se convirtió en una rutina. Sus amigos solían ir todos los miércoles y viernes, y ella cocinaba para ellos. Entonces, un día, su amiga Jane llamó para preguntar si podía llevar a otra amiga, Lucie, que pasaba por una dolorosa ruptura. Jane le había dicho que Steph era una cocinera fantástica y pensaba que su comida podría animarla. Steph se sorprendió, pero para sus adentros estaba encantada. Sabía que cocinaba bien, pero nunca se le había ocurrido que fuera algo extraño o destacable. Lo que Jane había dicho a su amiga era muy halagador.

Cocinó su plato favorito y acabó reuniendo en torno a su mesa a siete personas. Todo el mundo estaba encantado con la comida, sobre todo Lucie. Incluso se le ocurrió decir que conocía un mercado donde necesitaban un puesto de comida, y sugirió a Steph que presentara su candidatura.

Steph nunca había considerado que su capacidad para cocinar fuera un talento del que sentirse orgullosa. Para ella era algo normal: una afición agradable. Darse cuenta de que otras personas valoraban esa habilidad hizo que Steph empezara también a apreciarla.

✪ Con la cabeza bien alta

Piensa en tres cosas de tu vida de las que te enorgullezcas. Pueden ser cualquier cosa, sucedida en cualquier momento. La única exigencia es que en el momento en que hiciste y lograste hacer aquello que te enorgullezca debías sentir una gran seguridad en ti mismo.

Olvídate de la opinión de los demás, lo que cuenta es que tú te sintieras orgulloso y satisfecho.

Quizás uno de tus profesores eligió tu dibujo como el mejor en la escuela, o te entrevistaron en las noticias sobre tu opinión en una historia de actualidad. O es posible que intervinieses cuando viste

El mapa mental de Steph sería el siguiente:

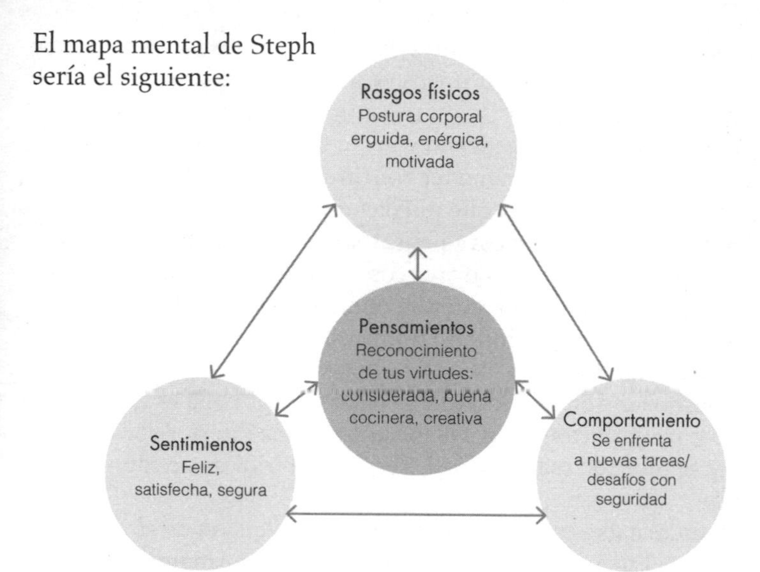

que estaban molestando a alguien en el autobús, o regalaste una bufanda a una persona sin hogar en la calle. No importa si estabas solo o formabas parte de un equipo, simplemente deben ser cosas que te hagan sentir genial.

Anótalas y, después, escribe debajo de cada una lo que hiciste en realidad, lo que te hizo sentir orgulloso y cómo te sentiste en el momento.

Si rememorar grandes recuerdos no te da un estallido de orgullo y confianza, entonces necesitas elegir otros recuerdos.

✪ Lleva la cuenta de tus puntos fuertes

Ahora que te sientes un poco mejor contigo mismo y, a regañadientes, aceptas que tal vez no seas tan malo como pensabas, es el momento perfecto para centrarte en tus puntos fuertes. Escribe tantas cosas positivas sobre ti mismo como se te ocurran. Incluye todas tus características positivas, tus puntos fuertes, tus talentos y logros. Anótalas en tu cuaderno o en tu teléfono: en algún sitio al que tengas fácil acceso, para poder continuar con la lista si se te ocurre algún elemento más que puedas incluir.

Tómate un par de días para pensar sobre el tema. No hay prisa. La lista debe ser amplia. Dos o tres cosas no sirven. Al principio, es posible que te cueste, pero recuerda: nadie va a ver esa lista más que tú, así que puedes ser totalmente honesto. Y no te preocupes, no estás siendo engreído.

No descartes ninguna idea demasiado rápido, nada es demasiado pequeño o insignificante, y no dejes que tu juez interior abra la boca y se mofe de esa actividad. Tu juez interior es un idiota: ignóralo.

Recuerda: nadie es cien por cien su mejor versión de sí mismo todo el tiempo. Somos humanos, pero si normalmente trabajas duro, aunque tengas un par de meses difíciles y salgas varios días pronto de la oficina, no dejes de poner que eres un buen trabajador.

Si te cuesta realizar este ejercicio, plantéate las preguntas que proponemos a continuación, quizá te inspiren:

- ¿Qué me gusta de mí mismo?
- ¿En qué soy bueno?
- ¿Qué rasgos positivos tiene mi carácter?
- ¿Qué habilidades y talentos tengo?
- ¿Qué les gusta a los demás de mí?
- ¿Qué cumplidos me hace la gente?
- ¿Cómo he logrado superar momentos difíciles?

- ¿Qué interacciones positivas he tenido recientemente? ¿Por qué eran positivas?

- ¿Qué atributos me gustan de los demás que yo también tengo?

Después de que hayas repasado todas las posibilidades que se te ocurran, pide la opinión a un amigo, compañero o a un miembro de tu familia. En realidad, otras personas son mucho mejores juzgándonos que nosotros mismos.

Sin duda, se les ocurrirán cosas en las que tú no has caído. Sí, pedir a alguien que haga una lista de tus puntos fuertes puede resultar intimidatorio, así que asegúrate de que es alguien con quien tengas mucha confianza para que puedas explicarle tu plan y por qué lo haces.

✪ Reforzar lo positivo

Elaborar tu lista debería haber resaltado todas las cualidades de las que deberías enorgullecerte, pero, como los prejuicios son tercos como mulas, todavía no hemos acabado.

Repasa tu lista y escribe las pruebas que respaldan cada cualidad. Sí, cada una de ellas. Es muy fácil escribir palabras sin creérselas por completo: «Ah claro, soy leal». ¿Por qué lo eres? Demuéstralo.

Al poner por escrito ejemplos concretos, cada cualidad se volverá real para ti y tendrás que aceptarlo como una verdad sobre ti. Por ejemplo:

- Un buen amigo: Llevé a Sally al aeropuerto a las 5 de la mañana la semana pasada.

- Decidido: Llamé al ayuntamiento cuatro veces hasta que arreglaron el bache de la carretera.

- Me gusta la música: Fui a dos conciertos la semana pasada.

- Tolerante: Escuché con calma a un anciano intolerante en el metro la semana pasada antes de decirle (educadamente) que sus opiniones eran ridículas.
- Organizado: Planeé una cena para reunir a todos mis amigos de la universidad hace un mes.

A la caza de buenas cualidades

A continuación, hay ejemplos de cualidades personales que pueden describirte:

Considerado, atento, bondadoso, leal, fiable, listo, ingenioso, trabajador, decidido, saludable, con conciencia, alguien que sabe escuchar, ávido lector, con una vena artística, organizado, fuerte, divertido, deportista, una persona muy viajada, aventurero, compasivo, con conciencia política, culto, creativo, amigable, agradecido, diligente, discreto, entusiasta, caritativo, cortés, activo, responsable, indulgente, gentil, buen cocinero, servicial, hacendoso, buen amigo, melómano, una persona que disfruta del aire libre, resuelto, refinado, pragmático, con buen gusto para vestirse, hábil con los ordenadores, puntual, comprensivo, de mentalidad abierta, hospitalario, paciente, disciplinado, persuasivo, hábil, sincero, meticuloso, sensible, tolerante.

Pensar ejemplos de cada una de esas cualidades llevará tiempo, pero será un tiempo bien invertido, pues significa que de verdad estás prestando a tus cualidades positivas la atención que merecen, y te verás obligado a aceptar que importan.

Un poco de buena voluntad

Necesitas empezar a reconocer estas cualidades positivas todos los días, en el momento en que sucedan. Aplica a tu actual yo la benevolencia que has aplicado a tu yo pasado.

- Ponlas por escrito cuando ocurran o más tarde te olvidarás o les restarás importancia. Es muy fácil pensar que correr tras alguien para devolverle una cartera que se le ha caído «no es gran cosa» después de cuatro horas. Es importante, no lo minimices. Asegúrate de fijarte en al menos tres cualidades positivas al día:

  Lunes – **Honesto**: he aceptado la responsabilidad de un error que he cometido en el trabajo.
  Divertido: he hecho reír a mi hermana.
  Eficiente: he entregado mi informe.

- Procura mantener tu lista de virtudes a mano para que puedas acordarte de ellas y úsala como inspiración para el día siguiente.

- No restes importancia a las pequeñas cosas que consigas. Disfruta del mérito. No esperes que se produzca un gran alboroto para darte un palmadita en la espalda.

- Enseguida te acostumbrarás a fijarte en tus virtudes y verás que puedes poner por escrito cuatro o cinco fácilmente. Esto representa un auténtico progreso: ¿cuando abriste este libro por primera vez pensaste que podrías llegar a escribir tantas cosas buenas sobre ti cada día?

- Al final del día, relee lo que has escrito y acéptalo. Esas cosas han pasado, las has puesto por escrito, ¡no puedes negarlas!

Tras una semana, repasa la lista. ¿Qué pensarías de alguien con tales habilidades y virtudes? ¿Crees que te caería bien? ¿Te parece que debería creer en sí mismo? ¿Y si esa persona te dijera que tiene una autoestima muy baja? Pensarías que está loca. Ver tus buenas cualidades escritas en negro sobre blanco debería grabar a fuego en tu interior que puedes sentirte orgulloso de ti mismo, puedes sobrellevar lo que ocurre en tu vida, y puedes hacer cambios sin problemas.

Tienes que seguir con esta tarea regularmente, de manera que consigas convertirla en una rutina diaria hasta que sientas que tu confianza y autoestima crecen. Llevas tanto tiempo recopilando pruebas de todos tus defectos que necesitarás algo de tiempo para creerte de verdad todas las cualidades positivas que has puesto por escrito, pero si sigues con esta rutina, pronto te resultará algo natural.

Los «imperdibles» del capítulo

- ✓ Concentrarte en tus puntos fuertes tanto (o más) como en los supuestamente malos es lo más justo e incrementará mucho tu confianza.
- ✓ Poner límites a los prejuicios que tienes contra ti mismo requerirá algo de tiempo y, si te centras en las pruebas que los desmienten, enseguida te sentirás mejor contigo mismo.
- ✓ La aceptación de los cumplidos es una parte fundamental para aumentar la confianza en ti mismo.

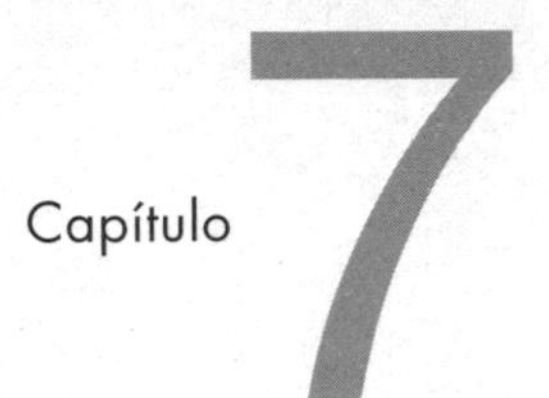

Andar el camino

Actuar con confianza te hará sentirte más seguro y viceversa. Parecer seguro de ti mismo, aunque sea una actitud fingida, es una forma sencilla de fomentar la autoconfianza. Este capítulo se centra en aprender cómo desempeñar y, por tanto, sentir el papel.

Mantén la cabeza erguida

Si has seguido las estrategias propuestas hasta ahora, con suerte, deberías pensar y sentirte mucho más seguro de ti mismo que hace pocas semanas. Y si todo marcha como debe, tu forma de presentarte físicamente y cómo te comportas inevitablemente se habrán visto afectadas.

Los humanos interactúan a través de representaciones físicas de sus emociones y pensamientos a través de pistas no verbales. Todos somos capaces de «leer» a las personas a través de sus expresiones, tics, postura y por su forma de actuar. Hay miles de indicios sutiles, pero también otros muchos realmente obvios. Cuando uno se enfada, frunce el ceño, rechina los dientes, se le tensa la mandíbula o cierra los puños; si eres inseguro, es posible que te encojas de hombros, te muerdas las uñas, tiembles o cruces los brazos. Sin embargo, si te sientes seguro, tendrás los hombros relajados, estarás bien derecho y mantendrás la cabeza alta. También actuarás de manera más confiada, por ejemplo, no te cruzarás de brazos, no arrastrarás los pies al caminar, no te quedarás en silencio ni te esconderás en tu mesa de trabajo.

Igual que si te sientes seguro de ti mismo transmitirás una imagen de seguridad, aprender a aparentar confianza (aunque sea fingida) te hará sentir más confianza. Esto funciona en ambos sentidos, del mismo modo que obligarte a sonreír puede animarte. Un estudio publicado en el *European Journal of Social Psychology* demuestra que los sujetos que se sientan bien erguidos en sus sillas, en lugar de encorvarse, se sentían más seguros de sí mismos al tener que escribir las cosas que se les pedían. También descubrieron que la postura influye en la confianza con la que se encaran los acontecimientos sociales.

Si proyectas un aura de persona capaz, los demás responderán a ella, ya que sentirán que pueden confiar en ti. A ti también te costaría acercarte a alguien que pareciera increíblemente estresado o enfadado, pero no te andarías con tanta cautela con alguien que se mostrara abierto, de trato fácil y seguro de sí mismo. Puedes convertirte en esa persona. Si te esfuerzas por aparentar el papel, acabarás sintiéndolo también y actuarás en consecuencia.

Las apariencias engañan

Hemos llevado a cabo un sondeo para preguntar qué características hacen que una persona aparente mayor o menor seguridad. Hemos resumido los resultados más abajo.

¿Qué aspecto y cómo suena la inseguridad?

Lenguaje corporal

- Contacto visual pobre
- Mirar al suelo
- Encorvado
- Comisuras de los labios hacia abajo
- Retorcerse
- Mirar de un lado a otro

Apariencia

- Desaliñado
- Ropa oscura y/o ancha
- Poco esfuerzo
- Parece incómodo

Acciones

- Dar la mano con poca fuerza
- Vacilar/Dificultad para tomar decisiones/ cambiar de opinión a menudo
- No defenderse
- Se disculpa constantemente
- Parecer necesitado o pavonearse en exceso
- Temeroso y ansioso
- Arrastrar los pies en lugar de caminar/ ir muy deprisa
- No dar la opinión
- Respaldar siempre a la persona que más grite o que parezca más segura
- Esconderse físicamente o evitar a la gente (quedar detrás de alguien, o junto a una puerta o esquina)
- Dejarse el abrigo dentro de casa, como si se quisiera estar listo para una huida rápida

Características

- Callado
- Tímido
- Autocrítico
- Atrevido
- Jactancioso

Discurso

- Tartamudear
- Titubear al hablar
- Hablar muy bajito o rápido
- Gritar para conseguir una reacción

¿Qué aspecto y cómo suena la confianza?

Lenguaje corporal	Apariencia	Acciones
• Abierto (sin barreras corporales) • Buen contacto visual • Permanecer erguido • Cabeza y barbilla en alto • Hombros hacia atrás y relajados	• Bien arreglado • Se ha esforzado • Parecer cómodo	• Caminar con decisión • Estar al mando y no ponerse nervioso • Tener capacidad de decisión • Entrar en acción
Características	**Discurso**	
• Honesto • Seguro de sí mismo • No se pavonea • Culto • Feliz en su propia piel • Cómodo • Flexible • Amistoso	• Claro • Comedido • Considerado	

Ejemplo: Una audición incómoda

Mark fue a una audición para un papel en un anuncio de coches. No sabía por qué se había molestado en ir, pues no había manera de conseguirlo. Para probarse a sí mismo y a todo el mundo lo poco que le importaba, se puso a propósito el par de vaqueros más viejos y las zapatillas más usadas que tenía. Obviamente el resto de las personas que se presentaban a la audición tenían mucha más experiencia y eran más guapos que él, por tanto, ¿para qué esforzarse? Incluso reconoció a un tipo galardonado con un premio de la BBC, genial.

Sentía que era inevitable que no le dieran el papel, y ese sería su sexto «no gracias» consecutivo de las últimas dos semanas. ¿Qué sentido tenía todo aquello?

Echó una mirada rápida al guion que tenía el chico que estaba a su lado y el estómago le dio un vuelco. No era el mismo guion que él tenía. Miró a su alrededor: todo el mundo estaba ensayando un texto distinto. Enseñó al hombre que estaba sentado a su lado las páginas que él tenía y le respondió que nunca había visto ese texto antes. ¿Qué demonios? ¿Cómo podía empeorar la situación?

Cuando llegó su turno, Mark entró vacilante en la habitación. Le temblaban las manos. «Me... me han dado el guion erróneo», titubeó antes de cruzar los brazos sobre el pecho a la defensiva. «Bueno, tranquilo», dijo una de las tres personas que estaban sentadas detrás de una intimidatoria y enorme mesa. «Le daremos el correcto, hágalo lo mejor que pueda».

Mark cogió las nuevas líneas e hizo la peor actuación de su vida. La peor que se ha visto. Cuando acabó, salió a toda prisa enfadado sin decir ni gracias ni adiós.

El mapa mental de Mark sería el siguiente:

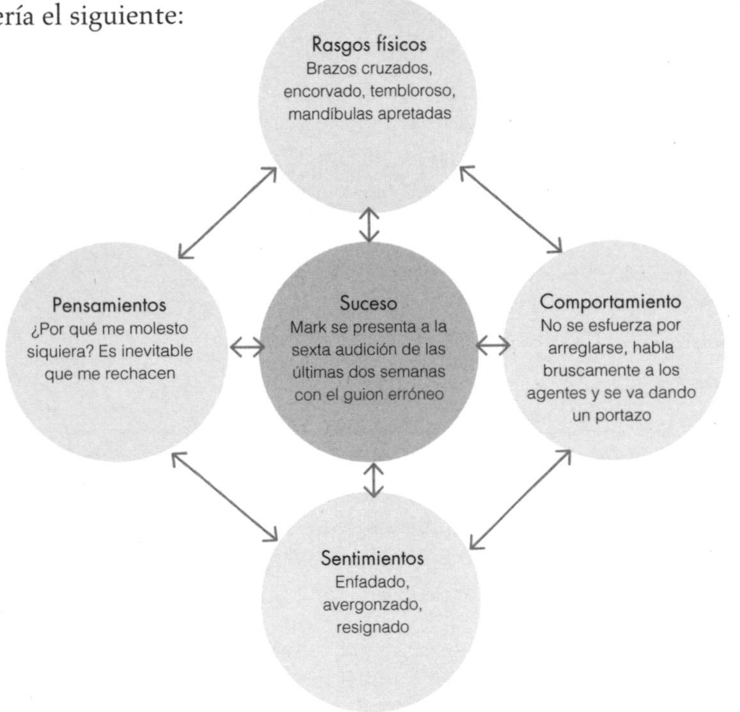

Rasgos físicos
Brazos cruzados, encorvado, tembloroso, mandíbulas apretadas

Pensamientos
¿Por qué me molesto siquiera? Es inevitable que me rechacen

Suceso
Mark se presenta a la sexta audición de las últimas dos semanas con el guion erróneo

Comportamiento
No se esfuerza por arreglarse, habla bruscamente a los agentes y se va dando un portazo

Sentimientos
Enfadado, avergonzado, resignado

Tal vez era inevitable que la confianza de Mark se viera afectada después de tantos rechazos, no obstante, parecer seguro, aunque no sea real, es un truco perfecto para ganar confianza.

Al decidir no cuidar su vestimenta, Mark ya estaba en un estado mental defensivo. Cuando más tarde descubrió que tenía el guion erróneo, tanto su lenguaje corporal, su forma de hablar como su comportamiento le hicieron parecer inaccesible, inseguro y enfadado. Su temor se convirtió en una profecía autocumplida.

Las cosas habrían salido de forma muy distinta si, al menos, hubiera intentado parecer seguro de sí mismo. Si hubiera pensado bien qué ponerse, se habría sentido más cómodo consigo mismo y con la imagen que proyectaba, y así habría sido menos probable que desdeñara sus posibilidades basándose en el aspecto de las demás personas.

Habría estado mucho más tranquilo al darse cuenta de que tenía el guion equivocado, y podría haber entrado en la sala de la audición con convicción, explicar la situación y preguntar si podía leer para el papel con el guion que tenía, para demostrarles qué podía hacer con las líneas que se había aprendido. Después podría haberles propuesto leer el guion que no conocía para demostrar que era una persona flexible, competente y capaz de adaptarse al cambio.

Los encargados del cásting se habrían mostrado más favorables a aceptar este plan si quien estaba ante ellos no era una temblorosa pelota de furia, sino un tipo tranquilo, seguro y cordial.

Si Mark hubiera sido más consciente de lo que transmitía su lenguaje no verbal, su mapa mental habría sido más parecido al de la página 106.

✪ Tu mapa mental «barbilla arriba»

Piensa en un momento reciente en el que te sintieras realmente inseguro y elabora un mapa mental que muestre qué ocurrió, cuáles eran tus emociones, en qué pensabas, cómo te hizo actuar y cómo te afectó físicamente.

A continuación, traza otro en un momento en el que te sintieras muy seguro de ti mismo.

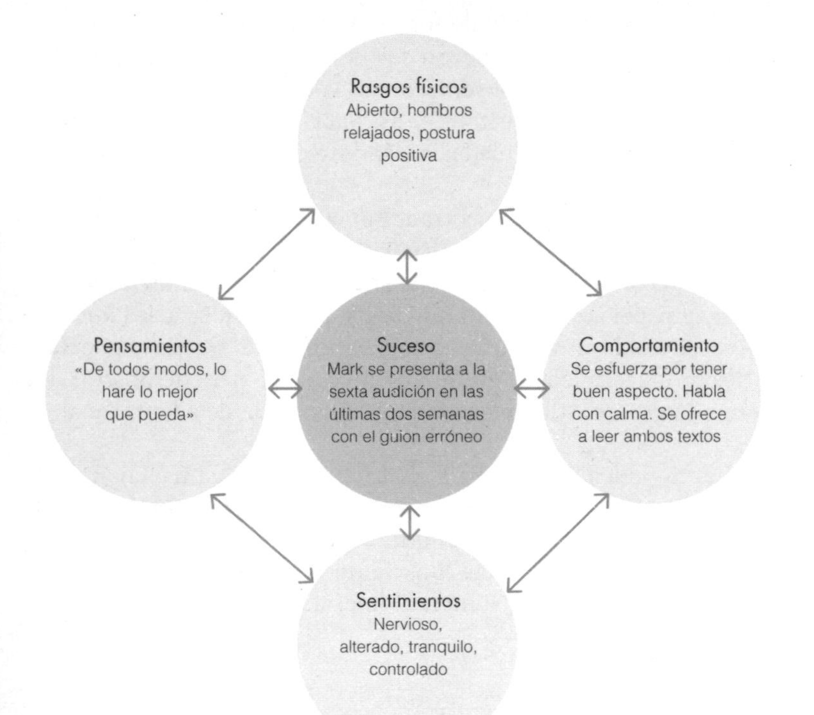

Cuando hayas acabado, compara ambos mapas mentales. ¿Ves cómo proyectar confianza (con tu actitud física y tu comportamiento) afectará a tu manera de sentir y pensar? Y no solo tendrá consecuencias en cómo te percibes a ti mismo, también afectará a la forma en la que los demás te perciben. Se ha demostrado que nos formamos la primera impresión de alguien en los primeros cinco segundos tras conocerlos. Hacer cambios en cómo te comportas es una manera muy simple de ganar confianza y actuar en consecuencia.

Deja de disculparte

Las personas con baja autoestima suelen disculparse muy a menudo. Obviamente hay situaciones en las que disculparse es necesario y aconsejable (cuando te has equivocado, si has hecho algo que lamentas o cuando expresas tus condolencias). No obstante, las disculpas constantes por ninguna razón en concreto pueden menguar tu credibilidad y la confianza en ti mismo. Tu necesidad de disculparte estará originada por pensamientos automáticos como «Soy ridículo», «Estoy arruinando esto», o «Necesito disculparme». Puedes acabar disculpándote simplemente por ser tú, lo que significa que te consideras inferior a la persona con quien estés hablando y acabarás justificándote continuamente porque probablemente te sentirás avergonzado.

Ejemplo: Una historia de perdón

Anna no dejaba de disculparse y de rebajarse. Tenía un trabajo genial y una relación estable, pero no podía librarse de la sensación de que se equivocaba continuamente. Siempre estaba al tanto de no ponerse en ridículo y de no decir algo inapropiado.

En una ocasión, alguien le había dicho que podía poner fin a una conversación en veinte pasos y nunca lo había olvidado. Le aterrorizaba interrumpir a la gente o en general resultar molesta. Pensamientos negativos como «Eres muy irritante», «Siempre cuentas mal los chistes», y «Todo el mundo piensa que das vergüenza ajena» se le cruzaban sin parar por la mente sin que ella pudiera controlarlos. No quería dar la impresión de enlazar una disculpa con otra, pero necesitaba echar mano de ese truco para tranquilizarse.

···:· Acabó alejándose físicamente de las conversaciones, escondiéndose en el fondo y no dando nunca su opinión.

Un amigo le sugirió que antes de volver a abrir la boca para disculparse se tomara un momento para pensar si de verdad necesitaba hacerlo. ¿Había hecho algo mal? ¿Tenía que dar una condolencia? Si no era así, no tenía por qué disculparse.

Anna siguió su consejo y la siguiente vez que estaba a punto de disculparse cuando alguien dijo que no podía asistir a la fiesta que la propia Anna iba a dar, se detuvo. Que no pudiera ir no era culpa suya, ¿verdad? Así que dijo: «Bueno, no te preocupes. Es una pena, pero la próxima vez será», y sintió un poco menos de culpa y responsabilidad sobre los hombros.

✪ Cuándo disculparse y cuándo no

- Discúlpate si has cometido algún error, si has herido los sentimientos de alguien o si quieres hacer las paces con alguien.
- Muestra tu pesar si debes dar tus condolencias.
- No te disculpes cuando tengas razón. Si tienes razón, la tienes, y no hay necesidad de suavizar el golpe con un tímido «lo siento». Puedes seguir sonando considerado sin disculparte.
- No te disculpes por dar tu opinión. «Disculpa, pero estaba pensando...» ¿Por qué deberías disculparte por pensar? Nadie más se disculpa por tener opinión propia, ¿por qué deberías

hacerlo tú? Disculpándote solo consigues socavar tu punto de vista.

- No te disculpes por pedir ayuda, porque no es ninguna imposición; ahora bien, si pides perdón sin parar, haces que parezca una carga mayor de lo que es. Deberías plantearlo como algo positivo: «¿Podrías ayudarme con X? Se te da muy bien».

✪ Vestirte para impresionar (a ti mismo)

No importa lo que pienses de la ropa o el estilo, la forma en la que te vistes es un reflejo de cómo te ves a ti mismo y de cómo quieres que los demás te vean. Da igual que estés al tanto de la última moda o no, o de si te vistes solo para trabajar o para socializar, es uno de los mensajes no verbales más claros que puedes transmitir.

Cada uno es diferente, de modo que no hay una forma buena o mala de vestirse. La clave es sentirse cómodo con la ropa que te pongas, sea cual sea. Si tienes baja autoestima, sentirte bien con lo que te pones te hará mostrarte más seguro. Vestirse adecuadamente para cada ocasión es una forma sencilla de evitar sentirte fuera de lugar o avergonzado. Si eres una persona insegura, llevar pantalones vaqueros y zapatillas a una velada de etiqueta o, por el contrario, ponerse un traje para una noche informal son formas seguras de aumentar los niveles de pánico.

Si tienes tendencia a esconderte debajo de ropa holgada, pero sabes que solo lo haces porque no quieres llamar la atención, deberías considerar hacer un cambio. Sea cual sea tu forma o tamaño, habrá ropa que te quede bien y te haga sentir mejor. Puedes contratar a un *personal shopper* (muchas tiendas y grandes almacenes ofrecen gratuitamente este servicio) o pedir a un amigo que te acompañe y te ayude a probarte cosas que estén ligeramente fuera de tu zona de confort.

Arriesgarte con la ropa te dará valor. No tienes por qué volverte loco o loca y ponerte unos pantalones de cuero o una minifalda con volantes si no es tu estilo, pero añadir algo de color o algún estampado a tu armario si normalmente usas tonos oscuros te hará sentir bien porque habrás hecho algo diferente.

En orden de aparición

Recuerda siempre que los demás también se sienten inseguros. Ahora que eres más consciente de estas pistas no verbales, podrás detectarlas en otras personas y comprobar su efecto desde una perspectiva exterior. Así, podrás darte cuenta de que algunas cosas que en un tiempo anterior podrías haberte tomado de forma personal y haber creído que tenían que ver contigo son en realidad ejemplos del nerviosismo de los demás. Por ejemplo, si Jake de contabilidad no te mira nunca a los ojos y parece evitarte, con casi toda seguridad no se deberá a que no le caigas bien, sino a que es tímido y tiene los mismos miedos que tú.

A fin de cuentas, cada uno vive centrado en sí mismo, de modo que somos la persona a quien examinamos con mayor detalle y minuciosidad. Cuando miras unas fotografías, lo más probable es que te fijes más tiempo en analizar las fotos en las que sales tú. Tendemos a juzgar más nuestro propio aspecto que el de cualquier otra persona. Recuerda estos datos si te intimida hacer cambios.

Crisis de comparación

Compararnos con otras personas es natural. La regla de la supervivencia del más fuerte que regía la vida en la caverna de nuestros ancestros sigue todavía muy vigente. Es la forma de la gente de medir el éxito y nos puede llevar al triunfo. Sin embargo, cuando te sientes inseguro es mucho más probable que te compares en términos negativos con otros y que, constantemente, llegues a la conclusión de que eres inferior. Esta actitud solo exacerbará tu inseguridad e, incluso, sea el origen de un complejo de inferioridad.

Por desgracia, en nuestra sociedad nos bombardean durante las veinticuatro horas del día con imágenes de lo que la cultura pop considera «deseable». Aunque el criterio cambia semana tras semana, los mensajes pueden perseguirnos de por vida. Cuando sufres una baja autoestima puedes encontrar oportunidades para la autocrítica en todas partes: en anuncios, en programas de televisión, en páginas web de cotilleo sobre famosos, etc. No obstante, puedes decidir cómo procesar la información y qué hacer con ella. Por ejemplo, sabes que, obviamente, el aspecto de quien protagonizan anuncios y películas no se corresponde con el que tienen en la vida real: cuentan con la ayuda de maquilladoras y peluqueros profesionales, entrenadores personales y chefs de sushi a su disposición. En definitiva, es un espejismo.

La próxima vez que te pilles comparándote negativamente con otra persona, haz una pausa para ver las cosas con perspectiva. ¿Estás siendo justo contigo mismo? ¿Seguro que sabes la historia entera? Sí, Emma, la chica de la mesa de enfrente siempre está impecable, pero en realidad le encantaría tener tu trabajo. Sí, tu amigo Nick es extremadamente ingenioso y siempre parece seguro de sí mismo, pero sabes que en realidad se pone muy nervioso cuando conoce a gente nueva. No pretendemos decir que debas ponerte a buscar adrede los puntos flacos de la gente, tan solo asegúrate de ser justo contigo mismo antes de poner a los demás en un pedestal.

✪ Mantener las apariencias

Empieza a practicar un lenguaje corporal que transmita confianza e incorpóralo a tu vida cotidiana. Es muy simple: siempre que te veas encorvado, con los brazos cruzados, te muevas rápidamente o te acerques demasiado a la puerta, tómate un respiro. Relaja los hombros y échalos hacia atrás, levanta la barbilla, descruza los brazos y mantente erguido.

Acuérdate de mantener el contacto visual y sonreír. Procura hablar con claridad y no te apresures. Piensa en qué ponerte y plantéate cambiar un poco de estilo.

Si siempre llevas vaqueros y zapatillas, puedes comprarte unos zapatos más elegantes, comprarte unos pantalones más serios o invertir en una falda. O, al contrario, si siempre vas trajeado y con botines, prueba a llevar vaqueros.

Aunque estos cambios pueden ser de una importancia considerable para ti, los demás no se darán cuenta de la inquietud que te provoca aplicarlos. Nadie va a coger un megáfono y anunciar a toda la oficina: «¡Carly lleva una falda por primera vez en quince años! ¡Miradla todos!». Simplemente dirán «bonita falda», y te sentirás genial.

Si necesitas alguna motivación más, usa la estrategia explicada en el capítulo 4 para imaginar la mejor versión de ti mismo. Imagina cómo estar de pie, moverte e incluso hablar. Después lánzate a recrear esa versión en la vida real.

Los «imperdibles» del capítulo

- ✓ Haciendo pequeños cambios en tu lenguaje corporal conseguirás que los demás te vean de forma diferente y, sobre todo, en cómo te ves a ti mismo.
- ✓ Parecer más seguro te hará sentir así y viceversa.
- ✓ La forma de vestirte, de comportarte físicamente y de actuar pueden proyectar un aura de confianza.

Beneficios sociales

Tanto socializar como interactuar con personas profesionalmente puede ser increíblemente intimidatorio si no tienes seguridad en ti mismo. Este capítulo trata sobre cómo relajarse y tener fe en que estás rodeado de buena compañía.

Confianza social

Cuando careces de confianza, algunas situaciones sociales pueden helarte la sangre. Lo que debería ser divertido y relajado se convierte en algo que temer y evitar a toda costa. Y todo esto no ocurre solo en contextos personales, sino también profesionales.

El temor a que otros te juzguen o a no alcanzar los parámetros de comportamiento a los que aspiras puede hacer que te sientas como un fracasado antes incluso de empezar algo. Cuanto más te centres en ti mismo, más difícil te resultará conectar con otras personas y acabarás actuando exactamente como temías: con timidez, distancia, sintiéndote fuera de lugar y dando la impresión de que no tienes interés.

Te causa tanta ansiedad parecer ansioso que perderás hasta la más mínima confianza que pudieras albergar.

Someterte a esa cantidad de presión no te permitirá relajarte durante todo el evento. El pánico te llevará a ser hipermeticuloso en todo lo concerniente a tu apariencia y a las respuestas de los demás, de modo que arruinarás cualquier oportunidad que pudieras tener de parecer tranquilo y relajado.

Toda esta tensión tendrá repercusiones en tu comportamiento. Tal vez necesites ensayar qué vas a decir, lo que te restará naturalidad y hará que tu conversación sea demasiado formal; por otro lado, si la conversación da un giro que no habías previsto, te costará reaccionar; o bien es posible que necesites enmascarar tu inseguridad detrás de una actitud bravucona, grosera y autoritaria. En consecuencia, te costará mostrarte cercano, y las personas con las que estés pueden pensar que no te importa su opinión.

Los tres tormentos de las reuniones sociales

Las personas a quienes les resulta difícil sobrellevar las situaciones sociales suelen creer que tienen que comportarse de cierta manera para «encajar» o no se lo pasarán bien. Más abajo, repasamos los tres tormentos más comunes que acosan a las personas con baja autoestima que deben acudir a un evento social:

1. Estándares excesivamente altos: «Debo parecer divertido, listo, ingenioso y encantador en todo momento. Debo poder decir algo diferente y no admitir nunca no saber de qué se habla».

2. Ansiedad por la conducta: «No puedo mostrar ninguna señal de debilidad (no puedo parecer nervioso o ansioso) o la gente pensará que soy raro o estúpido; tampoco puedo quedarme en silencio porque parecerá que soy aburrido».

3. Ideas negativas: «No puedo permitir que nadie piense que soy un falso o averiguarán que en realidad soy raro, aburrido y diferente a ellos».

Ejemplo: El número cómico de Oliver

Oliver estaba tan nervioso por conocer a los amigos de su novia por primera vez que se pasó quince minutos mentalizándose delante del espejo del baño del bar:

«No te pongas nervioso. Cuenta el chiste que oíste el otro día, les encantará».

Salió y se unió al grupo. Todo el mundo parecía agradable, pero pasaron veinte minutos rápidamente y se dio cuenta de que todavía no había contribuido realmente a la conversación ni se había hecho notar. Se había limitado a asentir en un par de conversaciones. «Lo estoy haciendo fatal —pensó—. Todos van a pensar que soy un muermo.» Entonces, interrumpió al chico que estaba hablando con un comentario ingenioso que hizo reír a todo el mundo. Después cambió de tema de conversación y contó una historia graciosa que sabía que sería bien acogida. Así fue. ¡Estaba en racha! Rápidamente contó otra… y otra… y otra… y pidió otra copa a quien le tocaba pagar la siguiente ronda.

Ni siquiera se dio cuenta de que no dejaba hablar a nadie más y, en las pocas ocasiones en las que alguien había conseguido colar un comentario, estaba tan centrado preparando lo siguiente que iba a decir que no escuchaba.

El mapa mental de Oliver sería como el que aparece en la página siguiente.

La confianza en entornos sociales tiene que ver tanto con sentirse relajado con los demás como con sentirse relajado con uno mismo, lo que significa que no puede asustarte cometer errores. Estar nervioso antes de conocer a los amigos de tu pareja es completamente normal y la gente a la que vas a conocer lo sabrá. No tendrán en cuenta que te quedes en silencio un poco, y no les

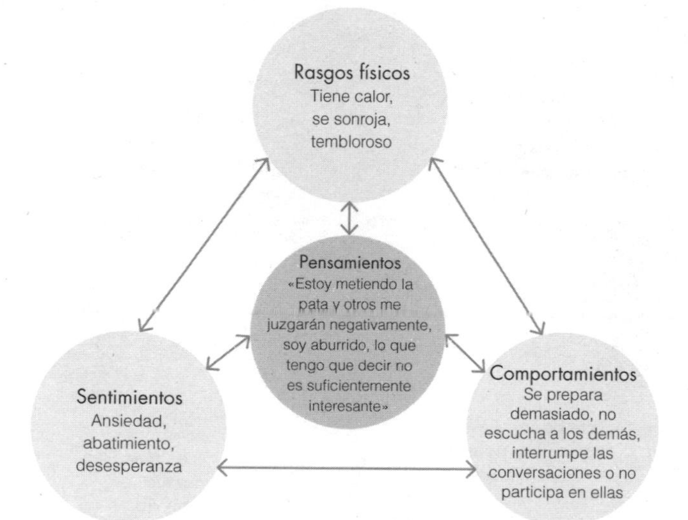

importará que les cuentes un chiste malo. Lo que sí que les molestará es que los interrumpan e ignoren.

No te ensimismes

Si en una reunión social te quedas absorto en tus pensamientos es como si no estuvieras allí. Estás tan ocupado pensando en cómo no equivocarte y escuchando tus propios comentarios negativos que acabas estropeando el momento al no prestar atención o escuchar a la persona con quien estés. ¿Cómo puedes contribuir si no tienes ni idea de lo que está pasando? Es un círculo vicioso.

Ahora bien, si no te ensimismas y te concentras en lo que está ocurriendo a tu alrededor, te sentirás más seguro cuando tengas que relacionarte con los demás. Es así de simple.

Pánico a meter la pata en una reunión social

Te dices que eres un asco, un aburrido y un fracasado social

Te pones tenso, nervioso y pareces inalcanzable

No escuchas lo que dice la gente, te pierdes chistes, pareces preocupado y desinteresado

✪ Escucha

La próxima vez que te encuentres en una reunión social pensando en cómo actuar y qué decir, si estás siendo aburrido o si has dicho algo divertido, detente y sigue las reglas siguientes:

- Concéntrate en lo que está diciendo la persona con la que estás. Deja de pensar en ti mismo y piensa en ellos.

- Trata a los demás como te gustaría que te trataran (sí, el viejo dicho). Del mismo modo que te preocupa resultar aburrido, a los demás también puede pasarles, y si te quedas mirando por una ventana o agachas la mirada al suelo, serán ellos quienes empiecen a sentirse ansiosos.

- No pienses demasiado qué decir. Confía en tu sensatez. Por supuesto, no puedes ser demasiado abierto ni tampoco te conviene pavonearte.

- Sé tu mismo. No te preocupes por intentar ser muy listo o por opinar de cosas que desconoces. Si te preocupa ser falso, probablemente estés actuando, así que procura ser una persona natural.

- Recuerda que la ansiedad y los nervios desaparecerán cuanto más tiempo permanezcas en una situación, así que tras media hora o una hora, te sentirás mucho más seguro que al llegar.

No puedes gustar a todos

No puedes caer bien a todo el mundo. Habrá algunas personas con las que te lleves bien y otras con las que no, y eso no dice nada malo ni de ti ni de ellos. La vida es así. Tenemos más en común con algunas personas con las que nos resulta más fácil relacionarnos. Ser honesto hará que la gente sea amable contigo. Si intentas ser amigo de todo el mundo, intentarás abarcar demasiado y dedicarás poco tiempo a mucha gente, en lugar de mucho tiempo a poca gente. Además, actuar de este modo socavará la confianza en ti mismo, porque empezarás a preguntarte quién eres de verdad y quién deberías ser. Es posible que los demás también empiecen a cuestionárselo, porque decir solo lo que la gente quiere oír parecerá falso. Ten confianza en tu opinión.

Lo que piensas y lo que dices tiene valor por sí mismo, y cuanto antes lo aceptes, antes te relajarás y empezarás a divertirte con la gente que te cae bien de verdad.

El debate sobre las drogas y la bebida

El alcohol y las drogas recreativas pueden parecer una solución rápida para el nerviosismo o la inseguridad. Te ayudan a hablar con soltura y te dan un empujón, aparentemente muy necesario, durante unas cuantas horas, antes de la inevitable caída y resaca de culpabilidad.

En alguien que carece de confianza, la bebida y las drogas solo exacerban los problemas y el círculo vicioso de la autocrítica. Tu comportamiento se exagera, puedes llegar a convertirte en una versión turbo de ti mismo y llegarás a creerte que son la causa de que te lo pases bien, de modo que tomarás más y más. Pronto acabarás creyendo que la bebida o las drogas son la única forma de sentirte bien contigo mismo, lo que inevitablemente acabará provocando una dependencia, pues se convertirán en la base de la confianza en ti mismo.

Si está situación te suena familiar, deja la bebida y las drogas durante unas semanas, mientras pones en práctica los consejos de este libro. Necesitas demostrarte a ti mismo que puedes pasártelo bien sin la inyección de autoestima.

✪ Entrometerse

La próxima vez que estés en una fiesta en un bar, escucha (sutilmente) las conversaciones de los demás. Sin llamar la atención, intenta adivinar lo que se está diciendo. Nueve de cada diez veces estarán hablando de cosas mundanas. Cuando te preocupe no ser lo suficientemente divertido, listo o interesante, es muy fácil asumir que todos los demás están manteniendo «la mejor conversación de todos los tiempos». Algunas personas tienen un don natural para contar historias, que pueden arrancar carcajadas a los demás y que pueden iniciar una conversación con cualquiera en cualquier momento. Aunque es una virtud fantástica, también es rara. La mayoría de la gente tiene charlas ligeras, probablemente sobre el tiempo, sobre algún programa de televisión o sobre sus planes para el fin de semana. Prestar atención a este hecho será un auténtico baño de realidad. ¡No todas las conversaciones podrían ganar un premio a la comedia ni son sagaces debates políticos, así que deja de fustigarte por ser normal!

Hablar no cuesta nada

Tras husmear en las conversaciones de los demás, deberías sentir mucha menos presión para contar anécdotas hilarantes. También debería tranquilizarte que las personas somos más o menos iguales. Todo el mundo quiere gustar y ser considerado interesante. Por tanto, si muestras interés en otras personas, estas responderán mostrándolo por ti. La buena educación tiene mucho que ver con la socialización. Como estás acostumbrado a pensar de forma negativa, vas a necesitar algunas pruebas.

✪ Conviértete en un charlatán

Una de las mejores maneras de superar el miedo a hablar en público o en ocasiones sociales es acostumbrarse a hablar en alto y con personas que no conoces. Durante la próxima semana queremos que te conviertas en un charlatán.

1 Empieza poco a poco. Di «hola» o «buenos días» a alguien todos los días: da igual que sea un extraño o un conocido. Puede ser cualquiera: un muchacho en una tienda, el conductor del autobús, el cartero o tus vecinos. Simplemente dilo con una sonrisa. No te preocupes de si te devuelven el saludo o no. No lo pienses demasiado, incorpora esta costumbre a tu rutina.

2 Cuando te sientas cómodo con el paso anterior, extiende tu objetivo a hablar con dos personas, y aumenta la duración de las conversaciones, por ejemplo: «¿Hola? ¿Qué tal?». Te sorprenderá lo halagada que se siente la gente cuando alguien muestra interés.

La crisis de comparación social

En el capítulo 7, mencionamos lo dañino que puede ser compararse físicamente con otras personas. Las mismas reglas se aplican cuando te comparas en términos sociales.

Deliberadamente, elegirás tus peores momentos y los compararás con los mejores de otras personas. Pensarás: «Eva es mucho más divertida que yo, nunca podría hacer reír así a la gente», en lugar de: «Eva es muy graciosa». No tienes por qué pensar que la habilidad de Eva te perjudica. No ha absorbido toda la diversión de la habitación. Que ella sea ingeniosa no implica que tú no puedas serlo.

No te sientas intimidado por las virtudes de otras personas, úsalas como inspiración: «Eva es graciosa, y parece que le caigo bien, y eso me hace sentir feliz», o «A Eva no le importa si a los demás les parecen divertidos sus chistes o no, así que tal vez a mí tampoco debería importarme». O todavía mejor, no te compares. Todo el mundo es diferente y no cabe duda de que otras personas te admirarán por tus propias virtudes. Sé tú mismo y disfruta de lo que los demás pueden ofrecerte.

3 Ponte en contacto con un amigo con el que lleves tiempo sin hablar. Llama por teléfono o queda cara a cara, pero asegúrate de hablar con él. En la actualidad, es muy fácil que las relaciones se reduzcan a Internet y que personas a las que conocíamos bien queden relegadas a ser amigos de Facebook o por e-mail. Puedes perder la cercanía de la conversación. Te acostumbrarás a pensar mucho la respuesta y perderás toda espontaneidad propia de una conversación. También es fácil malinterpretar el tono de un mensaje online, lo que puede causar muchos problemas de confianza. Hablar con la gente reafirmará la conexión personal.

La paranoia de hablar en público

Tanto si tienes que hacer una presentación en el trabajo como dar un discurso en una boda, hablar en público puede convertir a la persona más segura en un saco de nervios. Puedes sentirte desprotegido y tu miedo se manifestará en hipótesis nefastas sobre las intenciones del público: «Ese idiota del jersey de cachemira solo está esperando a que me caiga del escenario». Esto es una auténtica tontería, por supuesto, pero es difícil salir de esa predisposición de ánimo.

A continuación, hay ciertas cosas que debes recordar cuando hables delante de un público:

- Todo el mundo quiere que lo hagas bien. Nadie desea que te salga mal. En su mayoría, la gente es bastante razonable y todo el mundo entenderá tus nervios.

- Nadie prestará mucha atención a tu aspecto. (No te ofendas.) La gente preferirá interesarse en lo que estás diciendo; nadie quiere aburrirse, así que no se pondrán a analizar lo que te has hecho en el pelo, sino que estarán escuchando.

- ¿A quién le importa si te equivocas? ¿La última vez que oíste un discurso o una charla te fijaste en el momento en el que el orador se trabó con una palabra o simplemente lo olvidaste?

Para ser bueno hablando en público hay que practicar y prepararse. Además, si te sabes el contenido de arriba abajo, te sentirás totalmente cómodo con lo que tienes que hacer. No obstante, ten cuidado con no prepararte en exceso o sonarás como un robot, una máquina incapaz de responder a preguntas, ni adaptar el guion a los gustos del público.

✪ Luchar contra el terror de hablar en público

No importa si tienes que hablar delante de una persona o de mil: si hablas con calma, tranquilidad y concisión, conseguirás interesar a todo el mundo, y la mejor manera de hacerlo es practicar. Empieza por intervenir en conversaciones de grupo para superar el miedo a «meter la pata» de algún modo.

Cuanta más práctica adquieras en hablar delante de personas, más cuenta te darás de que trabarte con una palabra aquí o allá no importa.

Cuando tengas que dar un discurso, prueba con lo siguiente:

- Imagina que estás hablando con amigos. ¿Cómo les presentarías ese tema y qué les dirías? Cuando hables con un gran grupo amplio de gente, actúa como si fueran amigos.

- Pon por escrito los puntos principales que quieras tratar. Asegúrate de estar familiarizado con el tema y del enfoque que le vas a dar.

- Escribe algunas frases clave en negrita en tarjetas. Tendrás que mirar de frente al público y podrás mirar las frases resaltadas solo con bajar la mirada y sin perder el hilo.

- Practica leyendo alto y claro, y poco a poco. Algunas frases y palabras son fáciles de leer, pero mucho más difíciles de decir, así que tienes que estar seguro con la pronunciación.

- Intenta no seguir demasiado tus notas para poder adaptar lo que dices al gusto del público y así conseguir su interés. Levanta la mirada cada tres frases para practicar. Puedes continuar hablando o simplemente hacer una pausa.

- No te preocupes por las pausas. A ti te parecerán mucho más largas de lo que son en realidad, así que tómate tu tiempo

- El entusiasmo es contagioso. Si te apasiona el tema del que estés hablando, transmitirás esa pasión a los demás también. Si hablas con una entonación monótona podrías decir «y entonces disparé y rescaté al presidente», y nadie se inmutaría.

- Sé flexible con lo que tienes que decir. Es imposible que un discurso sea tranquilo y agradable si tienes que decir las cosas de una manera en concreto. Añadir una frase espontánea aquí y allá no debe darte miedo. Cuando sigues el guion de forma demasiado estricta y te despistas, puede resultarte difícil volver a encontrar el hilo.

- No tengas miedo a cometer errores. Si te pierdes, di simplemente: «Perdónenme un momento, ¡no sé qué viene ahora!». La gente está de tu lado. Se reirán educadamente y esperarán. No tiene importancia.

Sé sincero

Tienes que aceptar que la forma en que te sientes no tiene por qué corresponderse con los sentimientos de los demás, ni ser un reflejo de cómo son las cosas de verdad. Por ejemplo, tal vez creas que eres realmente aburrido y una compañía nada agradable, pero otras personas te consideran realmente simpático e interesante. O quizá pienses que se te da fatal hablar en público, pero tu jefe piensa que eres pausado, conciso y que tienes un don para ponerte a la gente difícil de tu lado. No lees la mente, así que proyectar tus pensamientos en los demás es injusto tanto para ellos como para ti.

✪ Una lección de realidad

La próxima vez que estés en una reunión social o en una presentación en el trabajo pide a alguien que te grabe. Es cierto, puede que suene raro, pero la mayoría de los teléfonos ahora tienen función de vídeo, así que no es tan difícil pedir a un amigo que capte unos cuantos minutos de la noche. Puedes explicarle lo que estás haciendo y por qué, o mantener el secreto y decir que solo quieres ver qué tal lo pasa todo el mundo y cómo transcurre la noche.

- Antes de ver el vídeo, valora cómo crees que ha ido la noche o el discurso y cómo ha sido tu actuación. Responde a las siguientes preguntas del 0-10 (0 = terrible/ terriblemente/ en absoluto; 10 = brillante/ brillantemente/ mucho):

  ¿Parecías seguro?
  ¿Cómo respondieron los demás?
  ¿Parecías nervioso?

- Cuando veas el vídeo, intenta distanciarte, sé abierto y tan imparcial como puedas. Asegúrate de que basas tus juicios en lo que ves y oyes de verdad, y no en cómo te sentías en ese momento. Ahora, vuelve a valorar tu actuación usando las mismas preguntas que habías respondido antes de ver el vídeo. Con toda probabilidad tus ideas previas no tendrán ningún parecido con la realidad. Con suerte, tus valoraciones después de ver la grabación serán mejores que las anteriores, lo que debería demostrarte que la idea que tienes de ti mismo no refleja la realidad. Solo tú conoces tus inseguridades.

La próxima vez que te pongas nervioso recuerda este ejercicio, y que tus peores miedos carecen de fundamento. Además, también puedes utilizar el ejercicio de visualización del capítulo 4, e imaginarte cómo sería la mejor versión de ti dando un discurso, y reproducirla en la vida real.

Los «imperdibles» del capítulo

✓ No tienes que ser un cómico ni un genio intelectual para resultar una compañía agradable.

✓ Socializar consiste en escuchar y en ser tú mismo. Si lo piensas así, es ridículamente fácil.

✓ Estar nervioso y cometer errores de vez en cuando es normal: nadie se dará cuenta y a nadie le importará.

Una muestra de autoestima

En este capítulo hablaremos de cómo tratarte bien a ti mismo, de cómo confiar en tus instintos y poner en práctica todo lo que has aprendido hasta el momento. Puedes cambiar las cosas y puedes elegir cómo quieres vivir.

Tratarse bien a uno mismo

Como ya te habrás dado cuenta a estas alturas, hay confianzas de todas las formas y tamaños. Cuidar de ti mismo y de lo que realmente te interesa es algo básico en la autoconfianza. Tienes que aprender a fiarte de tu propio juicio y de tu capacidad para tomar decisiones. Eso significa que si te parece que estás haciéndolo bien es que probablemente sea así, lo mismo que si te parece que se están aprovechando de ti o que te están maltratando, sea así.

La autoconfianza no consiste solo en estar convencido de que uno lo va a hacer bien, también se trata de saber cómo aprender de los errores, de confiar en el instinto y de pedir ayuda cuando se necesita.

Tienes que aprender a tratarte bien. Te has negado durante demasiado tiempo ciertos derechos básicos: el derecho a tener razón, el derecho a fastidiarla de vez en cuando, el derecho a hacerte valer, a relajarte y a divertirte un poco. Todo esto es algo fundamental para tener una vida plena, y es algo que te debes a ti mismo.

En este capítulo trataremos esas partes de tu vida a las que has preferido no enfrentarte porque no confiabas en tus intuiciones o en tu capacidad para tomar decisiones correctas. Hablaremos de todo, desde las relaciones, la aceptación de consejos y de la transferencia de la confianza que sientes en ciertas partes de tu vida hacia otras partes que quizás también la necesiten.

Relaciones tóxicas

Es importante recibir apoyo cuando se intenta algo nuevo. Diferentes estudios han demostrado que disponer de un entramado de relaciones de apoyo fomenta el bienestar psicológico además de proporcionar una sensación de seguridad y autoestima. Saber que estás rodeado de personas que no te juzgarán y que se preocuparán por ti sin importar lo que pase no es algo que se pueda dar por sentado. Es un reforzador de la autoestima.

La buena noticia es que, aunque no se puede elegir a la familia, sí que se puede escoger a los amigos y compañeros. Tienes que cuidar las amistades y las relaciones que son importantes en tu vida… tanto como deberías evitar las que no lo son.

Que jugaras desde pequeñita con Janet en el parque no quiere decir que ahora tengas que aguantar sus críticas constantes y que siempre te haga sentir mal. Y que conozcas a Simon desde hace años no quiere decir que tengas que soportar sus modales de matón. La gente en la que ya no puedes confiar no son amigos de verdad, y sin duda, tampoco sus novios/novias, esposos/esposas.

Debes darte cuenta de cuáles son las relaciones tóxicas que tienes en tu vida y encontrar la confianza necesaria para no seguir buscando excusas a sus comportamientos. Siempre se puede buscar una excusa para disculparlos si uno se esfuerza, pero ¿de verdad tienes que hacerlo?

Las relaciones tóxicas en el trabajo pueden llegar a ser un asunto difícil de resolver, ya que no puedes eliminar sin más de tu vida a tu jefe o a tu compañero, y tampoco puedes decirles lo que piensas.

Ver cómo socavan tu confianza, cómo te ignoran o simplemente te hacen sentir que no tienes a nadie en quien confiar puede afectar mucho tu autoestima; pero no te preocupes, existen métodos proactivos que se pueden utilizar frente a las relaciones tóxicas, tanto en casa como en el trabajo.

✪ Poner en cuarentena las relaciones tóxicas.
Si alguien te hace infeliz y realmente te afecta de un modo negativo en la vida, debes enfrentarte a ello. Con evitar el problema o posponer el momento de hacerle frente solo se consigue que parezca más grande y más insuperable. Además, todo lo que te molesta o irrita de esa persona se volverá más molesto e irritante con el paso del tiempo, lo que provocará que un día ya no aguantes más y estalles hasta el punto de decir algo de lo que te arrepentirás.

Cómo enfrentarse a un amigo tóxico:

- Habla con él sobre ello. Prepara una ocasión para hablar cara a cara. Y sí, tiene que ser cara a cara, porque en un mensaje de texto no se puede captar el tono y eso puede dar lugar a malentendidos.
- Explica con tranquilidad qué te molesta de su comportamiento y escucha lo que tiene que decir al respecto. Procura no adoptar una actitud de enfrentamiento.
- Deja que sea la otra persona quien dé el siguiente paso. Lo cierto es que lo mejor sería que saliera de tu vida, por muy difícil que sea aceptarlo. A menos que se dé cuenta de lo que está haciendo, la situación seguirá igual. No tienes por qué aceptar su comportamiento negativo.
- Si quiere hablar, escúchale con atención. Quizá también tenga algunas cosas que decirte en las que lleve razón. Entonces puedes decidir si quieres conservarlo como amigo o no. Depende de ti.
- Si no acepta ninguna responsabilidad por sus actos, corta la relación y sigue con tu vida. Un amigo tóxico no es en absoluto un amigo.

Cómo enfrentarse a un colega de trabajo tóxico:

- Pregunta a otros compañeros qué opinan. Alguien con quien te lleves bien y que te pueda dar una opinión imparcial. Es muy difícil ser imparcial cuando sientes que te atacan, así que escuchar otra opinión puede servirte para aclarar una situación emocional.
- Solicita una reunión con el compañero tóxico y habla con él sobre los motivos por los que va mal la relación. Una vez más,

no te comportes de un modo agresivo ni lo culpes (aunque la culpa sea totalmente suya). Mantén un tono de voz neutro, con expresiones como «Tengo la sensación de que no vemos los problemas de la misma manera, ¿qué podemos hacer para solucionarlo?». Mantén el «nosotros» en vez del «tú».

- Si nada cambia, pide una reunión con tu superior y pídele ayuda. Dile que ya no sabes qué hacer, pero que la situación debe cambiar.

- Si la situación no mejora o nadie te toma en serio y has hablado con todos los superiores con los que has podido, deberías considerar la posibilidad de marcharte de la empresa. Por muy dramático que suene, tu salud emocional es más importante que tu trabajo. Si siguieras, empezarías a dudar de tus propias capacidades y eso también hundiría tu vida particular. No merece la pena.

Cómo saber cuándo hay que pedir ayuda

Ya hemos destacado en varios capítulos de este libro la importancia de pedir ayuda, pero vamos a insistir en ello, porque cuando comprendas que pedir y aceptar ayuda no es una debilidad, estarás mucho más cerca de sentir mucha más confianza en ti mismo.

A todo el mundo se le da bien hacer ciertas cosas y no tanto, otras. Si alguien te critica, deberías considerarlo una oportunidad para mejorar. Si alguien hace algo mejor que tú, deberías considerarlo una oportunidad para aprender. Si no llegas a hacerlo bien del todo, piensa que la próxima vez lo harás mejor. Si sientes vergüenza, ríete de ti mismo. Ser capaz de comprender que existen cosas que no sabes es esencial para ser una persona completa.

Ser un sabelotodo puede meterte en problemas. Por ejemplo, si fanfarroneas en una conversación sobre tu dominio del panorama político en Irán, es posible que un día tu jefe te pregunte sobre el asunto en mitad de una presentación al director del departamento, lo que te puede dejar convertido en un idiota balbuceante.

La confianza es saber cuándo admitir que no sabes algo. La gente de la que emana un aura de competencia en el trabajo es aquella en la que confías que hará lo correcto, y a veces lo correcto es admitir que no sabes hacer algo. A menudo perdemos la perspectiva de la imagen general al concentrarnos en un punto de vista diminuto. Pedir ayuda no te convertirá en una carga y no significa que seas una persona inadecuada, débil o inferior. En realidad, se trata de una muestra de valentía.

La realidad es que pedir ayuda no refleja nada concreto de tu carácter, tan solo que necesitas ayuda con una situación específica. Piensa en todas las veces que te han pedido ayuda, ¿acaso creíste que la persona que te lo pedía era estúpida o ridícula? No lo creo. De hecho, lo más probable es que te sintieras bien por ayudarle. No te valores por lo que sabes o lo que no sabes hacer, valórate por tu voluntad y tu capacidad de aprender.

✪ Cómo pedir consejo y ayuda

Para que te acostumbres a pedir ayuda y así veas que a la gente le encanta que se la pidan, cada día de la semana que viene tienes que solicitar ayuda a alguien. Puede ser cualquier cosa, desde preguntar por una dirección a un desconocido hasta pedir consejo a un amigo sobre un asunto de trabajo.

Este ejercicio exigirá cierto esfuerzo por tu parte si eres de esas personas que prefiere andar perdida durante horas antes que preguntar una dirección o quedarse enfangado con un proyecto antes que admitir que te has quedado atascado. Cuanto más práctica adquieras pidiendo ayuda, más cómodo te sentirás al hacerlo. Te darás cuenta de que a nadie le molesta que le pidan ayuda. De hecho, al 99'9 por ciento de la gente le encantará, incluso se sentirán halagados. Conseguir la ayuda de alguien sobre un asunto muy importante (por ejemplo, problemas en una relación o en el trabajo), hará que te sientas mucho mejor. No tienes por qué enfrentarte a todos los problemas tú solo y conseguir el punto de vista de otro te proporcionará esa distancia que tanto necesitas respecto al problema.

Mira el lado bueno

La mayoría de nosotros nos sentimos más seguros en ciertos aspectos de nuestras vidas que en otros. Por ejemplo, puede que sientas mucha confianza en tu vida de pareja, pero no en tu trabajo. Tú y tu pareja tenéis una relación estable y sois felices juntos desde hace años, así que en tu casa te sientes bien contigo mismo. Sin embargo, en el trabajo no dejas de dudar sobre ti mismo y tus capacidades. Tienes la impresión de que vives dos vidas distintas. Las distintas funciones que cumplimos en la vida nos exigen capacidades diferentes y el grado de éxito depende muchísimo de lo que creamos que se nos pide. El truco es traspasar la seguridad que sentimos en un aspecto de la vida a otros distintos donde sientas menos confianza en ti mismo.

✪ Traspasar las fronteras de la confianza

Un modo fácil de aumentar tu nivel de confianza en esos aspectos de la vida donde vendría bien ese incremento es canalizar esa sensación de seguridad que tienes cuando te sientes bien contigo mismo. Por utilizar el ejemplo que hemos puesto antes: cuando estés en el trabajo y te sientas hecho polvo, tómate cinco minutos de descanso para relajarte y recordar tu vida en tu hogar. Imagínate en tu momento más cómodo y recuerda algo que tu pareja te dice y que te hace sentir seguro. Siente de verdad esa seguridad y esa confianza. Recuerda esa sensación cuando necesites una inyección de confianza. Incluso puedes llevarte un recuerdo de tu casa al trabajo, por ejemplo, una fotografía, y míralo cada vez que necesites levantarte el ánimo.

Aceptarse a uno mismo

Ya hemos dicho en un par de ocasiones que hay que ser «uno mismo». Sin embargo, es comprensible que si sufres de baja autoestima desde hace muchos años puede resultar difícil saber dónde empieza tu verdadero «tú» y dónde termina la persona que has intentado ser.

No vas a saber de la noche a la mañana quién eres y quién quieres llegar a ser, pero un buen punto de partida es concentrarte en lo que te gusta y lo que te disgusta, y en saber qué se te da bien. Trabaja en ello a partir de ahí. En vez de pensar en las cosas que no puedes controlar, concéntrate en aquellas que sí puedes controlar. Una parte importante del proceso de ganar confianza es considerar tus defectos como una parte integral del ser humano más que como una carencia.

Aprender a aceptarte como eres hará que te sientas más a gusto contigo mismo. A ti y a los demás les parecerá que eres más auténtico y desaparecerán todas las inseguridades relacionadas con tu intento de ser quien no eres.

Una parte importante de la aceptación propia es reconocer que no importa de lo inteligente que seas o de lo capacitado que estés, no puedes ni predecir ni controlar todo lo que ocurre en tu vida. Incluso la gente con más seguridad en sí misma pierde trabajos, relaciones e incluso la salud. La verdadera seguridad procede del reconocimiento de este hecho y de saber que incluso si ocurre lo peor, encontrarás el modo de salir adelante.

Haz lo que quieras

Uno de los síntomas horribles de la baja autoestima es que se pierde el interés por cuidarse uno mismo, porque no te lo mereces, ¿verdad? Apartarse de la vida diaria o realizar cada vez menos actividades es algo normal cuando crees que eres una pésima compañía o que no te mereces algo así.

Por desgracia, con esto lo que haces es separarte de las

situaciones que te levantaban el ánimo de una forma natural y que te hacían sentir bien contigo mismo.

Te mereces divertirte, tener buen aspecto y disfrutar de la vida. Te mereces que te traten bien y sentirte orgulloso de tus logros. Si quieres que otra gente crea en ti y te preste atención, antes tienes que creer en ti mismo y prestarte atención. Un modo sencillo de lograrlo es tratarte bien a ti mismo, ser amable y convertirte en una prioridad. Sustituye el «No tengo tiempo» por «Voy a procurar buscar un hueco». Si tú crees que te lo mereces, otra gente también lo hará.

Tratarte bien a ti mismo también puede incluir darte permiso para decir «no» y dejar de hacer cosas que te hacen sentir mal (como librarte de amigos tóxicos). Si no te gusta jugar al fútbol, pero te sientes presionado a hacerlo, deja de hacerlo.

Si siempre vas con tus amigos al mismo bar que te repugna, sugiere probar un sitio nuevo. Si ya no te gusta el pelo largo, córtatelo. Debes tomar el control de tu vida y sentir confianza en las decisiones que tomas.

Aumentar tu disfrute a lo largo de la semana mejorará tu ánimo de forma automática y, así, te sentirás mejor contigo mismo y con tu vida. Es difícil levantarse por la mañana pensando solo en lo que debes o tienes que hacer. Además de tomar decisiones, debes empezar a divertirte.

✪ Diversión obligatoria

Sí, te vamos a ordenar que te diviertas un poco. Incluye en todos tus planes diarios de la semana próxima algo que te divierta o que te haga disfrutar. Escríbelo en tu agenda para que se haga «oficial» y así será más difícil que lo pases por alto. Tener algo así pendiente de realizar aumentará tu motivación y te hará sentir más capaz de hacer frente a las tareas más difíciles y menos agradables que debes cumplir.

Te damos unas cuantas ideas con las que empezar:

- Túmbate unas cuantas horas, apúntate a una nueva clase de lo que sea o quédate viendo tu programa favorito.
- Tómate tu tiempo a lo largo del día para relajarte. Come fuera de la oficina, escucha algo de música, vete a una cafetería que te gusta, lee una revista.
- Haz ejercicio. Estar en forma ayuda muchísimo a tener mayor confianza en uno mismo. Al hacer ejercicio te notarás lleno de energía y lograrás sentir que consigues algo.
- Prueba algo nuevo que siempre quisiste hacer, por ejemplo, apuntarte a un taller de pintura o a un equipo de pádel.
- Cómprate ropa que te haga sentir a gusto contigo mismo.
- Come bien. Comer de forma sana reducirá la sensación de culpabilidad relacionada con comer mucho o demasiado poco, o por las comilonas. Al evitar la comida basura, también evitas los bajones de azúcar.
- Reserva tiempo para ver a la familia y a los amigos.

Los «imperdibles» del capítulo

✓ Acéptate tal y como eres, con defectos y todo. Eso hará que sientas más confianza en ti mismo.

✓ Saber cuándo pedir ayuda y consejo es un punto fuerte, no débil.

✓ Asegúrate de dedicar tiempo a hacer cosas que te gustan, eso te levantará de inmediato el ánimo.

Confianza garantizada

Aquí radica el secreto para lograr una confianza que perdure. Emocionante, ¿verdad? Lo único que tienes que hacer es trabajar en conseguir objetivos alcanzables dentro de un marco de valores personales. Así, empezarás a sentirte mejor contigo mismo, con tus aptitudes y tus habilidades.

Listas de ambiciones

Felicidades, has alcanzado la fase final en la batalla contra la inseguridad, lo cual no es poca cosa. Pero no te preocupes, no acabaremos sin antes revelarte un último secreto para conseguir una confianza verdadera y duradera, así que, un redoble de tambores, por favor…

El gran secreto detrás de la confianza duradera

La verdadera confianza es el resultado de sentirte feliz y satisfecho tanto personal como profesionalmente, de descubrir qué es lo que da significado a tu vida y trabajar para conseguirlo.

Eso es todo. Suena muy sencillo, pero resulta escalofriante darse cuenta de que la sensación de sentirte un poco perdido o dejarte llevar por los acontecimientos puede convertirse en lo habitual. Sentirse frustrado es la clave para casi todos los problemas de confianza, y por lo tanto, trabajar en algo que quieres conseguir te hará sentir inmediatamente bien contigo mismo. Enfrentarte a la vida y hacer lo que quieres en lugar de verla pasar con impotencia, te hará sentir motivado, inspirado, feliz e ilusionado. Para sentirte realmente seguro tienes que empezar por pensar en lo que quieres hacer en la vida y en los valores que quieres seguir para vivir. La mejor manera de conseguirlo es haciendo una lista de ambiciones.

Una lista de ambiciones es un nombre un poco más interesante para un método antiguo y sencillo. Planear lo que quieres hacer con tu vida y cómo lo vas a conseguir cuadruplicará las posibilidades de hacerlo de verdad, en lugar de solo pensar vagamente, «claro, no me importaría intentarlo algún día». Esto definirá la dirección que quieres tomar en tu vida, en lo que te quieres concentrar y lo que es realmente importante para ti.

Perseguir un objetivo te hará sentir orgulloso por haber tomado una decisión, y seguro porque serás capaz de demostrarte a ti mismo que puedes hacer algo bien y que no tienes por qué tener miedo a lo desconocido. Los objetivos proporcionan una sensación de propósito y esperanza, y son una excelente manera de sobrellevar la rutina diaria.

Desarrollar una visión más amplia, crear y trabajar para lograr objetivos significativos y alcanzables cambiará la forma en la que te ves a ti mismo. No eres la misma persona que eras ayer, sino alguien con un objetivo claro. Cientos de estudios demuestran que las personas se suelen arrepentir más de las cosas que no hicieron que de aquello que hicieron.

Ejemplo: la mente en blanco de Joe

Joe llevaba atrapado durante años en lo que él consideraba un trabajo sin futuro. No tenía posibilidad de conseguir ningún ascenso y, aunque había intentado ampliar sus tareas para incluir retos más desafiantes, sus jefes reprimían cualquier creatividad por temor a que pidiera un aumento de sueldo o un puesto de trabajo distinto, ya que no estaban dispuestos a concederle nada de todo eso.

Su vida personal también era un desastre. Hacía un año que había pasado por una ruptura muy difícil y llevaba soltero desde entonces. No sabía cómo empezar de nuevo a tener citas, había dejado de lado a algunos de sus amigos y no estaba seguro de cómo conseguir volver a estar en contacto con ellos.

Todos los días le parecían iguales y sentía que no le quedaba nada por lo que luchar. Lo único que siempre había querido hacer era escribir una novela, pero debido a que no tenía formación específica y que durante los últimos años no había escrito más que unas cuantas postales, no se sentía preparado y creía que el mero hecho de pensar en ello era una estupidez. Ni siquiera había hablado a nadie de ese sueño porque pensaba que se reirían de él. Eran los otros quienes escribían novelas, no las personas como él. ¿Cómo podía atreverse a pensar en escribir un libro?

Joe se hubiera sentido mejor simplemente aceptando que ese deseo de escribir es lícito y digno de tener en cuenta. Hasta ese momento, lo esconde como un secreto culpable, como si fuera algo de lo que sentirse avergonzado.

A todo el mundo le gusta sentirse seguro y protegido, pero tu zona de confort puede convertirse en una jaula que te impide crecer y experimentar cosas nuevas. Las personas solo se sienten bien cuando se esfuerzan y se desafían a sí mismas, cuando sienten que aprenden y consiguen algo. Cuando las cosas van según lo esperado, tu cerebro ni se inmutará, pero, cuando haces algo distinto, te sientes excitado y motivado, tu cuerpo está alerta y tu comportamiento refleja esta nueva actitud. Es importante buscar la novedad en tu vida.

Si Joe escribiera «Objetivo: escribir una novela» en su cuaderno y a continuación dividiera ese objetivo en cómodos pasos sentiría un escalofrío de expectación.

Esos pasos podrían ser:

El mapa mental de Joe

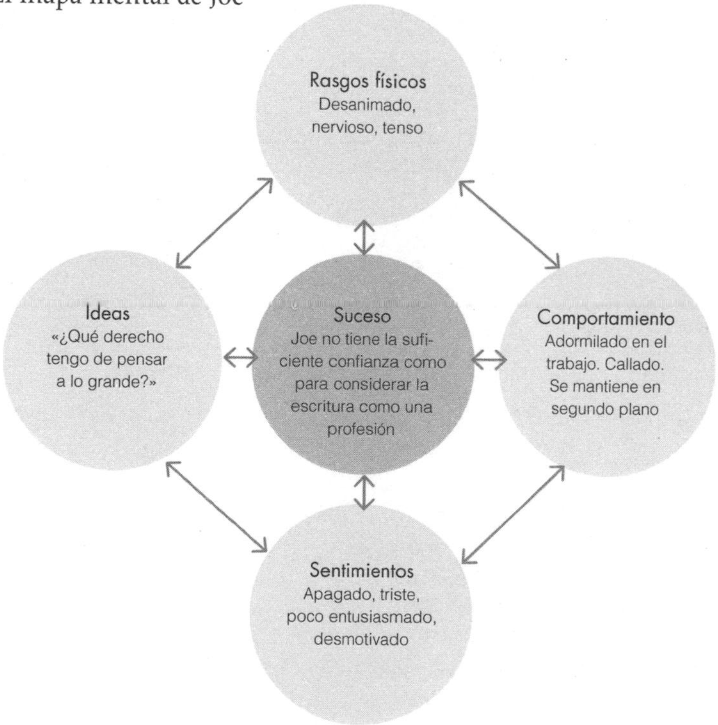

Rasgos físicos
Desanimado, nervioso, tenso

Ideas
«¿Qué derecho tengo de pensar a lo grande?»

Suceso
Joe no tiene la suficiente confianza como para considerar la escritura como una profesión

Comportamiento
Adormilado en el trabajo. Callado. Se mantiene en segundo plano

Sentimientos
Apagado, triste, poco entusiasmado, desmotivado

1 Buscar clases de escritura creativa.

2 Llamar por teléfono para preguntar.

3 Apuntarse a las clases.

4 Pedirle ayuda al profesor para decidir cuál será el siguiente paso.

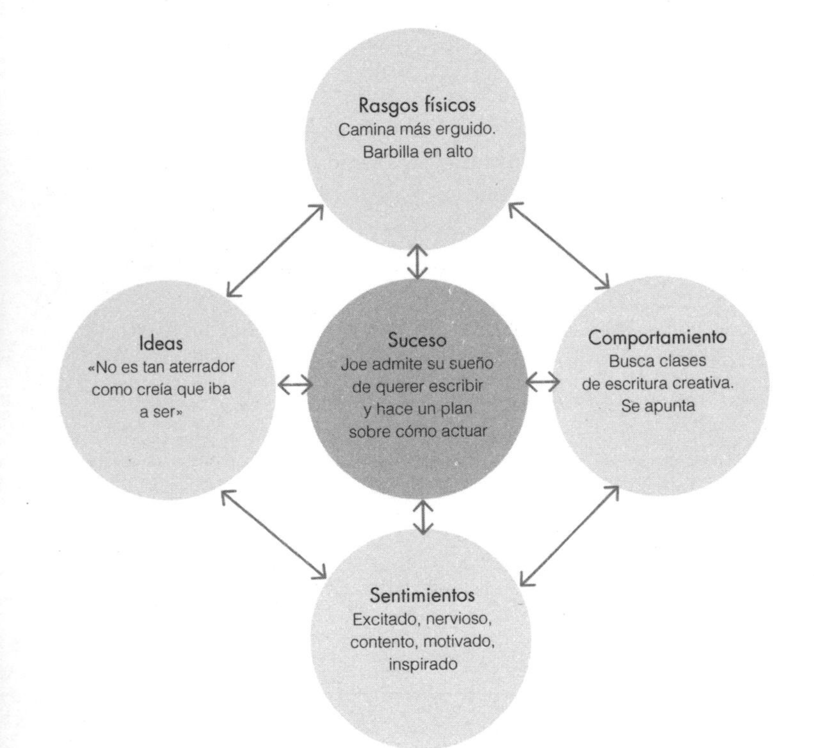

Confeccionar esa lista de objetivos haría que el mapa mental de Joe cambiase y se pareciese más al anterior.

Tener un plan en el que centrar tu mente, en lugar de pensar que tus ideas son como castillos en el aire, te permitirá empezar a verlas como posibles. Todo el mundo tiene sueños. ¿Por qué se iba a reír nadie de los tuyos? Tienes que creer que esas cosas son posibles. Nadie se convierte en novelista, pintor o empresario quedándose sentado y esperando que le vengan a buscar. Tienes que dar los pasos para que esto suceda. Y no olvidar nunca que todo el mundo tiene que comenzar en algún momento.

✪ La gran idea

1 Escribe una lista de todo aquello que no has hecho en tu vida, pero que quieres hacer. Nada es demasiado grande ni demasiado pequeño. Puede ser cualquier cosa, desde «cambiar de peinado» a «aprender a pilotar un avión». Piensa en los países que quieres visitar, en aquel ascenso que querías conseguir, en trabajar como voluntario o tener hijos. Asegúrate de que incluyes objetivos profesionales y personales, además de aquellos que incluyen a familiares y amigos. (Agregar a otras personas hará más probable que veas que el plan se puede llevar a cabo). Por el momento, no dejes que las cuestiones financieras se interpongan en tu camino.

2 A continuación, divide la lista en objetivos a corto, medio y largo plazo, y establece unos plazos de tiempo realistas para cada grupo. Por ejemplo, seis meses para los objetivos a corto plazo, de uno a cinco años para los de medio plazo, y de cinco a diez años para los de largo plazo.

3 Clasifica los objetivos por orden de dificultad; por ejemplo, coloca los más factibles, prácticos y que te lleven menos tiempo realizarlos en la parte superior de tu lista, y los que lleven más tiempo, que podrían ser costosos y requerir mucho tiempo, al final.

4 Divide los objetivos más grandes en pasos razonables, como Joe hizo con su sueño de ser novelista. Los pasos pequeños lo harán parecer menos abrumador y te motivarán para empezar de verdad. Ganarás confianza a medida que completes cada parte, y te sentirás más capaz y ansioso por comenzar el siguiente paso.

5 No descartes los sueños que parecen imposibles. Si escribiste «ser piloto», pero eres ciego de un ojo y te dan miedo las alturas, no apartes esa idea. ¿Cuáles son las reglas del vuelo? ¿Podrías buscar vuelos en tándem? ¿Podrías comenzar poco a poco

y seguir con retos mayores? ¿Es tu sueño de convertirte en piloto en realidad una forma de dejar de tener miedo a las alturas? ¿Es ese el objetivo que realmente quieres conseguir? Si es así, ¿podrías buscar alguna clase para superar ese miedo? Puede que tengas que renunciar a algunas cosas, pero en realidad esa búsqueda de alternativas te hará sentir mejor que escribir sobre todos ellas.

6 Y después... ¡Empieza! Comienza con las tareas más simples y fáciles. Ver los progresos te animará a hacer frente a los grandes planes a largo plazo.

Recuerda: estos objetivos siempre deben ser sobre algo que puedas hacer. No te centres en algo que dependa de otras personas, porque ellos tienen sus propias prioridades y podrían fallarte por causas ajenas a su voluntad.

Contar con otras personas está bien, pero el éxito de la misión no puede depender de ellos.

Trata de hacer algo por tus objetivos cada día, ya que esto mantendrá tu atención, mantendrá tu ímpetu, y haz el trabajar en ellos un hábito, de tal forma que te sientas menos tentado a guardar la lista como «cosas en las que pensar otro día».

Algunas personas encuentran inspirador tener un diario fotográfico de sus logros. Cada vez que tachan algo de la lista lo guardan con una fotografía y una breve nota con la fecha, la hora, qué sucedió y cómo se sintieron.

No existe nada tan motivador como mirar atrás los éxitos del pasado. Hay multitud de entradas de Twitter y Facebook en las que la gente habla de sus planes para el futuro y en lo que están trabajando. Ver los trayectos de otras personas puede ser realmente inspirador.

La idea de todo esto no es recorrer la lista tachando puntos sin control, sino divertirse durante el recorrido. Tienes que disfrutar lo que estás haciendo y cómo lo estás haciendo. Por ejemplo, si estás ahorrando para hacer un viaje alrededor del mundo, recompénsate cada vez que consigas guardar 250 libras. Sal a tomar una copa o envía un correo a un amigo cada vez que logres un objetivo. Celebrar tus logros es una forma fácil de sentirte bien con lo que estás haciendo y asegurarte de que sigues haciéndolo.

Una valoración personal

Ahora que ya has decidido en qué vas a trabajar, deberías considerar también cómo lo vas a hacer. Los principios que te guían son los valores con los que vives tu vida independientemente de los cambios en tus circunstancias. Te darán impulso, satisfacción e integridad. A menudo estamos tan atrapados en las pequeñas cosas del día a día, que resulta fácil olvidarse de las cosas importantes. Recapacitar sobre lo que consideras importante te ayudará a incluir esas cosas en tu vida diaria.

✪ Elige tus principios rectores

- Escoge los cinco valores que consideres determinantes en tu vida y, a continuación, ordénalos por orden de importancia, en una escala del uno al cinco (el uno para el más importante).
- A continuación, escoge los cinco valores que consideres menos importantes para ti y ordénalos también (en este caso, el uno será el menos importante).

Más importantes	Menos importantes
1 Confianza	**1** Autoridad
2 Diversión	**2** Popularidad
3 Lealtad	**3** Seguridad
4 Amor	**4** Poder
5 Ambición	**5** Virtud

El objetivo de este ejercicio es que aceptes lo que resulta importante para ti y que uses esos valores para dar forma a tu vida. No deberían basarse en lo que creas que valoran los demás o lo que tu amigo piense que es importante, sino que trata de lo que tú crees que es importante.

Sea lo que sea lo que quieras conseguir, asegúrate de que te sientes realizado. Si tu lista de objetivos está basada únicamente en el trabajo, y tus valores más importantes son «la ambición», «la riqueza», «el éxito» y «el control», pero no te sientes mejor contigo mismo ni siquiera cuando tachas cosas de tu lista, puede que debas reconsiderar si esos valores te favorecen. Tal vez no hayas definido el éxito de una forma apropiada para ti. No es necesario que sea económico o profesional, se trata de que te sientas realizado también en tu vida personal. Elegir algo en lo que quieras centrarte te hará más consciente de cómo estás viviendo tu vida realmente en este momento y qué te podría faltar. Nunca es demasiado tarde para cambiar y ser quien quieres ser. Estos puntos no son los definitivos, por favor añade alguno de tu propia cosecha si nos hemos olvidado de alguno.

Lista de valores

Aceptación: sentirme aceptado entre mis compañeros.

Ambición: esforzarme siempre para tratar de mejorarme a mí mismo.

Amor: ser amado por quienes me rodean y amar a los demás.

Amor propio: gustarme tal y como soy.

Atractivo: cuidar de mi apariencia personal.

Autoconocimiento: tener un sincero y profundo conocimiento de mí mismo.

Autocontrol: ser disciplinado y dirigir mis propias acciones.

Compasión: preocuparse por los demás y por mí mismo.

Comprensión: tener en cuenta siempre los sentimientos y las circunstancias de los demás.

Confianza: tener fe en mis propias habilidades y capacidades.

Conocimiento: no dejar nunca de aprender.

Cortesía: ser educado y considerado con los demás.

Creatividad: tener ideas originales.

Diversión: ser considerado buena compañía y tener tiempo para divertirme.

Espiritualidad: crecer espiritualmente.

Éxito: conseguir todo aquello que me proponga, o al menos intentarlo.

Familia: tener una familia feliz y cariñosa.

Fiabilidad: ser fiable y de confianza.

Flexibilidad: ajustarme fácilmente a situaciones nuevas o poco usuales.

Fuerza: estar físicamente fuerte o nutrir una fuerza interior.

Generosidad: dar lo que pueda a los demás.

Honestidad: ser honrado y sincero, ¡siempre que sea posible!

Humildad: ser modesto y no elogiarme a mí mismo innecesariamente.

Humor: tratar siempre de ver el lado divertido.

Imparcialidad: estar seguro de que doy a los demás un trato justo y equitativo siempre que puedo.

Independencia: confiar en mí mismo y en mi habilidad para tomar decisiones.

Justicia: ser justo conmigo mismo y con los demás.

Lealtad: ser considerado fiable y de confianza.

Logro: conseguir lo que me propongo.

Poder: tener control sobre los demás.

Popularidad: ser muy querido por mucha gente.

Realismo: ver las cosas de forma realista y de una forma tan objetiva como sea posible.

Religión: seguir las enseñanzas de la religión que haya elegido.

Respeto: tener respeto, confianza y admiración por mí y respetar, confiar y admirar a los demás.

Responsabilidad: tomar decisiones importantes y llevarlas a cabo en la medida de mi capacidad y conocimientos.

Riesgo: asumir riesgos y aprovechar al máximo las oportunidades que se me presenten.

Riqueza: tener mucho dinero.

Salud: estar sano física y emocionalmente.

Seguridad: sentirme seguro y a salvo con lo que pienso y con lo que hago.

Sexualidad: tener una vida sexual activa y satisfactoria.

Simpatía: tener amigos cercanos y que me apoyen, y ser considerado amable con los demás.

Tolerancia: aceptar y respetar aquellos que son diferentes a mí.

Virtud: vivir una buena vida, una vida moral.

Los «imperdibles» del capítulo

- ✓ Tener objetivos dará significado a tu vida y te hará sentir realizado.
- ✓ Trabajar en algo que realmente quieres conseguir te hará tener confianza en ti mismo.
- ✓ Reconocer los valores que son importantes para ti te motivará para convertirte en la persona que quieres ser.

Un último mensaje

¡Enhorabuena! Has llegado al final del libro y esperamos que lo hayas hecho sintiendo más confianza en ti mismo, más seguridad y más felicidad de la que sentías al comienzo de la lectura. Cruzamos los dedos de las manos y de los pies con el deseo de que pienses en ti de un modo más realista y equilibrado.

La confianza consiste en reconocer tu mérito cuando te lo mereces y en celebrar tus éxitos y tus puntos fuertes. Cambiar lo que piensas sobre ti mismo es un proceso continuo que llevará cierto tiempo. Tardaste en llegar a tener esa visión negativa de ti mismo, así que también tardarás un poco en corregirla. Todo esto significa que si todavía no estás dando saltos de alegría por lo genial que eres, no te preocupes. Hace falta practicar para aumentar la confianza en uno mismo. Tienes que aprender a dejar de fijarte en las cosas negativas y empezar a concentrarte en lo que haces bien de forma habitual; pero si te sientes un poco mejor y tienes en mente cambiar tu futuro, celebra una fiesta, porque son dos decisiones magníficas. Realizar todos estos cambios habrá sido, y seguirá siendo, una tarea difícil, y reconocer lo lejos que has llegado y lo que has conseguido es tremendamente importante.

Como forma de medir lo lejos que has llegado, contesta a las siguientes preguntas:

1 Después de leer el libro, ¿cómo te sientes?

A Igual, sin cambios.
B Un poco mejor. Comienzo a plantearme lo que dice.
C Mejor. He notado algunas mejoras en mi vida.
D Increíble. Me siento transformado.

Si has respondido «A», sinceramente, ¿has probado con todas tus fuerzas las estrategias descritas? ¿Estás dispuesto a intentarlas de nuevo? Si todavía tienes dificultades y el libro no te ha ayudado tanto como esperabas, te sugerimos que hables con tu médico para que te recomiende más tratamiento. Al final del libro encontrarás más herramientas muy útiles.

Si has contestado de la B a la D, nos alegramos mucho por ti y a partir de ahora, todo irá mejor si sigues practicando lo que has aprendido.

2 **¿Cuáles de los «imperdibles» que aparecen al final de cada capítulo te ha tocado una fibra sensible?** Apúntalos en una libreta o en tu diario para que cuando necesites algo que te anime puedas revisarlo y motivarte.

3 **¿Qué clase de red de apoyo necesitas para ayudarte a mantener lo que has aprendido?** Piensa en la posibilidad de contar a tu familia y amigos lo que estás haciendo, si no lo has hecho todavía. Sus ánimos serán muy valiosos y motivadores. Además, hablar de esto te puede proporcionar cierta claridad o una perspectiva distinta. También puede mostrarte el lado divertido de una situación. Reírte de ti mismo y de las circunstancias te levantará los ánimos de inmediato y te hará sentir mejor, más feliz y con más capacidad de enfrentarte a todo.

4 **¿Qué obstáculos ves en el futuro que puedan hacerte cambiar de intenciones?** Anótalos y luego planea las posibles soluciones.

5 **Comprueba de nuevo la lista del capítulo 2 y marca las casillas que se te aplican ahora.** Compárala con la que hiciste al principio. Esperamos que haya muchas menos casillas marcadas. Si has marcado algo, vuelve a los capítulos correspondientes y revisa las estrategias hasta que tengas la seguridad de que serás capaz de cumplirlas.

6 ¿Vas a bloquear los pensamientos automáticos negativos para ser más realista contigo mismo y con las situaciones en las que te encuentras?

7 ¿Dejarás hacer predicciones funestas y pesimistas sobre todas las cosas y comenzarás a arriesgarte?

8 ¿Piensas mantenerte erguido, con la barbilla bien alta y a intentar tener el aspecto de alguien seguro de lo que piensa?

9 ¿Estás dispuesto a redactar una lista de objetivos a corto, medio y largo plazo y empezar a cumplirlos?

10 ¿Cuándo vas a comenzar a pensar de otro modo?
A Ya lo he hecho
B Hoy
C Mañana
D La semana que viene
E El año que viene
F No me parece importante

No hay respuestas correctas o incorrectas a estas preguntas. Se trata de una oportunidad de valorar cómo te sientes ahora mismo y si existen zonas específicas en las que quieras concentrarte. Ya dispones de las herramientas para sentir más confianza en ti mismo y subir tu autoestima. Depende de ti cómo utilizarlas. Uno de los mensajes fundamentales de este libro es que tienes la posibilidad de elegir. Si estás emocionado por la posibilidad de realizar cambios, te damos la enhorabuena. Es muy difícil, pero gratificante. Y funciona.

Si todavía hay partes del libro que todavía no has asimilado, vuelve e inténtalo de nuevo. Recuérdate qué es lo que se supone que debes hacer y por qué. Resulta tremendamente difícil cambiar de comportamiento y de forma de pensar, sobre todo costumbres que